Orçamento empresarial

Central de Qualidade — FGV Management
ouvidoria@fgv.br

SÉRIE GESTÃO ESTRATÉGICA E ECONÔMICA DE NEGÓCIOS

Orçamento empresarial

Ivan Pricoli Calvo
José Mauro Bacellar de Almeida
Pedro Leão Bispo
Washington Luiz Ferreira

ISBN — 978-85-225-1239-3
Copyright © Ivan Pricoli Calvo, José Mauro Bacellar de Almeida, Pedro Leão Bispo, Washington Luiz Ferreira

Direitos desta edição reservados à
EDITORA FGV
Rua Jornalista Orlando Dantas, 37
22231-010 — Rio de Janeiro, RJ — Brasil
Tels.: 0800-021-7777 — 21-3799-4427
Fax: 21-3799-4430
editora@fgv.br — pedidoseditora@fgv.br
www.fgv.br/editora

Impresso no Brasil/*Printed in Brazil*

Todos os direitos reservados. A reprodução não autorizada desta publicação, no todo ou em parte, constitui violação do copyright (Lei nº 9.610/98).

Os conceitos emitidos neste livro são de inteira responsabilidade dos autores.

1ª edição — 2012; 1ª reimpressão — 2013; 2ª reimpressão — 2014; 3ª reimpressão — 2015.

Preparação de originais: Sandra Frank
Editoração eletrônica: FA Studio
Revisão: Fernanda Villa Nova de Mello e Jun Shimada
Capa: aspecto:design
Ilustração de capa: André Bethlem

    Calvo, Ivan Pricoli
       Orçamento empresarial / Ivan Pricoli Calvo... [et al.]. — Rio de Janeiro : Editora FGV, 2012.
       164 p.: il. — (Gestão estratégica e econômica de negócios (FGV Management))

       Em colaboração com José Mauro Bacellar de Almeida, Pedro Leão Bispo, Washington Luiz Ferreira.
       Publicações FGV Management.
       Inclui bibliografia.
       ISBN: 978-85-225-1239-3

       1. Orçamento nas empresas. 2. Orçamento base-zero. I. Almeida, José Mauro Bacellar de. II. Bispo, Pedro Leão. III. Ferreira, Washington Luiz. IV. FGV Management. V. Fundação Getulio Vargas. VI. Título. VII. Série
                                 CDD — 658.154

*Aos nossos alunos e aos nossos colegas docentes,
que nos levam a pensar e a repensar as nossas práticas.*

Sumário

Apresentação 11

Introdução 15

1 | Planejamento orçamentário 17
   Conceito e finalidades 17
   Processo orçamentário 22
   Vantagens 26
   Limitações 28
   Organização do processo orçamentário 30
   Preparação dos diferentes orçamentos 32

2 | Orçamento base zero (OBZ), orçamento matricial (OM) e gerenciamento matricial de despesas (GMD) 43
   Orçamento base zero (OBZ) 43
   Orçamento matricial (OM) 50
   Gerenciamento matricial de despesas (GMD) 56

3 | Modelo beyond budgeting 69
Substituindo o antigo modelo pelo novo 69
Modelo beyond budgeting 71

4 | Orçamento operacional e orçamento financeiro 93
Apresentação de caso 93
Orçamento de vendas 97
Orçamento de produção 100
Orçamento de matéria-prima ou materiais diretos 101
Orçamento de mão de obra direta 106
Orçamento dos custos indiretos de fabricação (CIF) 108
Cálculo do custo unitário, custo dos produtos vendidos e estoque final de matérias-primas e produtos acabados 109
Orçamentos de despesas operacionais 112
Orçamentos de investimentos 114
Demonstrativo de resultado do exercício (DRE) projetado 115
Orçamento de caixa 116
Balanço patrimonial projetado 117
Controle orçamentário 119

5 | Fluxo de caixa projetado, demonstrativo de resultado do exercício (DRE) projetado e balanço patrimonial projetado 125
Orçamento geral da empresa 125
Fluxo de caixa projetado 126
Demonstrativo de resultado do exercício (DRE) projetado 127

Balanço patrimonial projetado   128
Análise do fluxo de caixa projetado   128
Apresentação de caso: inviabilidade do estudo ou deficiência da análise?   152

Conclusão   159

Referências   161

Os autores   163

Apresentação

Este livro compõe as Publicações FGV Management, programa de educação continuada da Fundação Getulio Vargas (FGV).

A FGV é uma instituição de direito privado, com mais de meio século de existência, gerando conhecimento por meio da pesquisa, transmitindo informações e formando habilidades por meio da educação, prestando assistência técnica às organizações e contribuindo para um Brasil sustentável e competitivo no cenário internacional.

A estrutura acadêmica da FGV é composta por nove escolas e institutos, a saber: Escola Brasileira de Administração Pública e de Empresas (Ebape), dirigida pelo professor Flavio Carvalho de Vasconcelos; Escola de Administração de Empresas de São Paulo (Eaesp), dirigida pela professora Maria Tereza Leme Fleury; Escola de Pós-Graduação em Economia (EPGE), dirigida pelo professor Rubens Penha Cysne; Centro de Pesquisa e Documentação de História Contemporânea do Brasil (Cpdoc), dirigido pelo professor Celso Castro; Escola de Direito de São Paulo (Direito GV), dirigida pelo professor

Oscar Vilhena Vieira; Escola de Direito do Rio de Janeiro (Direito Rio), dirigida pelo professor Joaquim Falcão; Escola de Economia de São Paulo (Eesp), dirigida pelo professor Yoshiaki Nakano; Instituto Brasileiro de Economia (Ibre), dirigido pelo professor Luiz Guilherme Schymura de Oliveira; e Escola de Matemática Aplicada (Emap), dirigida pela professora Maria Izabel Tavares Gramacho. São diversas unidades com a marca FGV, trabalhando com a mesma filosofia: gerar e disseminar o conhecimento pelo país.

Dentro de suas áreas específicas de conhecimento, cada escola é responsável pela criação e elaboração dos cursos oferecidos pelo Instituto de Desenvolvimento Educacional (IDE), criado em 2003, com o objetivo de coordenar e gerenciar uma rede de distribuição única para os produtos e serviços educacionais produzidos pela FGV, por meio de suas escolas. Dirigido pelo professor Clovis de Faro e contando com a direção acadêmica do professor Carlos Osmar Bertero, o IDE engloba o programa FGV Management e sua rede conveniada, distribuída em todo o país (ver www.fgv.br/fgvmanagement), o programa de ensino a distância FGV Online (ver www.fgv.br/fgvonline), a Central de Qualidade e Inteligência de Negócios e o Programa de Cursos In Company. Por meio de seus programas, o IDE desenvolve soluções em educação presencial e a distância e em treinamento corporativo customizado, prestando apoio efetivo à rede FGV, de acordo com os padrões de excelência da instituição.

Este livro representa mais um esforço da FGV em socializar seu aprendizado e suas conquistas. Ele é escrito por professores do FGV Management, profissionais de reconhecida competência acadêmica e prática, o que torna possível atender às demandas do mercado, tendo como suporte sólida fundamentação teórica.

A FGV espera, com mais essa iniciativa, oferecer a estudantes, gestores, técnicos e a todos aqueles que têm internalizado o conceito de educação continuada, tão relevante na era do conhecimento na qual se vive, insumos que, agregados às suas práticas, possam contribuir para sua especialização, atualização e aperfeiçoamento.

Clovis de Faro
Diretor do Instituto de Desenvolvimento Educacional

Ricardo Spinelli de Carvalho
Diretor Executivo do FGV Management

Sylvia Constant Vergara
Coordenadora das Publicações FGV Management

Introdução

A gestão das instituições requer que sejam cumpridas importantes etapas do ciclo administrativo: planejar, organizar, executar e controlar. Os modernos processos de qualidade também o exigem.

Nesse contexto se insere o planejamento orçamentário, atendendo à gestão como um todo e atualizado pelas técnicas de melhoria da eficiência organizacional.

A visão estratégica e econômica de negócios exige que a gestão orçamentária se ajuste às novas realidades, bem como às suas constantes mutações.

Este livro oferece a você, leitor, uma abordagem prática de como se elaboram e se analisam os orçamentos empresariais. Ao mesmo tempo, apresenta técnicas atualizadas com as tendências da gestão orçamentária, proporcionando a reflexão acerca dos modelos adequados às suas necessidades.

Tal abordagem está estruturada numa base conceitual que fundamentará as concepções necessárias ao correto entendimento do tema, de maneira que possa ser utilizado como referência em sua atuação profissional.

O livro está estruturado em cinco capítulos, o que faz com que você, leitor, evolua na compreensão do tema e organize suas ideias de forma prática na gestão de negócios.

O primeiro capítulo apresenta o orçamento como ferramenta para a gestão de instituições e negócios. Nele, são apresentadas as ideias, os conceitos, as vantagens, as limitações e as etapas que o auxiliarão a compreender o processo orçamentário.

O segundo capítulo reúne os modelos de gestão orçamentária usados na gestão de negócios e aborda modelos que atualmente estão em discussão e em início de uso por empresas brasileiras e multinacionais: orçamento base zero (OBZ), orçamento matricial (OM) e gerenciamento matricial de despesas (GMD).

O terceiro capítulo apresenta as tendências dos orçamentos nas instituições e o modelo de gestão *beyond budgeting*.

No quarto capítulo, estudamos o processo de elaboração do orçamento geral, que se divide em duas partes: o orçamento operacional, que contempla orçamento de vendas, de produção e de despesas; e o orçamento financeiro, que se subdivide em orçamento de caixa, demonstrativo de resultados do exercício (DRE) projetado e balanço patrimonial projetado.

O quinto capítulo apresenta as definições e aplicações do fluxo de caixa projetado, demonstrativo de resultados do exercício (DRE) projetado e balanço patrimonial projetado.

1

Planejamento orçamentário

Neste capítulo, leitor, apresentamos a definição de orçamento e identificamos das suas principais vantagens para o processo de gestão das instituições. Destacamos o sistema orçamentário como a ferramenta mais utilizada pelas empresas para planejamento e controle, o que faz com que os administradores se preocupem em programar as futuras ações. Apresentamos ainda as etapas do processo orçamentário, cujo objetivo é introduzir o leitor nas técnicas orçamentárias e subsidiá-lo na implantação e gerenciamento de orçamentos nas instituições.

Conceito e finalidades

O processo de planejamento das empresas inicia-se pela fase estratégica. De acordo com Anthony e Govindarajan (2002), o planejamento estratégico representa o processo pelo qual se decidem os programas que a empresa adotará e a quantidade aproximada de recursos que reservará para cada um desses programas nos anos seguintes. Baseados nessa ideia, os gestores devem dedicar um tempo adequado ao planejamento formal das ações futuras de suas unidades organizacionais.

Importa distinguir o produto (plano) do processo (planejamento): os planos formais de uma organização são denominados planos estratégicos, e o processo de elaboração e revisão desses planos é comumente chamado de planejamento estratégico. Por outro lado, segundo esses mesmos autores, existem diferenças entre formulação de estratégias e planejamento estratégico, sendo ambas as atividades distintas no processo de gestão empresarial.

A formulação de uma estratégia significa o processo pelo qual se decide como desenvolvê-la, enquanto o planejamento estratégico representa o processo pelo qual se decide como executá-la. A elaboração e o acompanhamento do orçamento empresarial fazem parte do contexto da execução da estratégia.

Para Frezatti (2009) muitas organizações afirmam ter um sistema de planejamento empresarial. Na prática, algumas empresas se preocupam mais com questões táticas (médio prazo) ou mesmo operacionais (curto prazo), enquanto outras desenvolvem melhor sua estratégia de longo prazo.

Portanto, pode-se dizer que cada organização tem sua visão particular sobre os processos de planejamento e controle, influenciados por diferentes fatores, como porte da organização, estágio do ciclo de vida dos negócios e também pela cultura organizacional.

O planejamento e o controle constituem processos importantes para muitas organizações, segundo Frezatti (2009), embora muitos gestores não compreendam adequadamente sua importância e utilidade.

Em alguns casos, é entendido que basta a organização dispor de um sistema de orçamento para assegurar o sucesso do processo de planejamento; em outros, o planejamento seria considerado atividade prospectiva e o controle cuidaria da avaliação de decisões tomadas no passado.

Frezatti (2009:46) define que "o orçamento é o plano financeiro para implementar a estratégia para um determinado exercício". É mais do que uma estimativa, pois deve estar baseado no compromisso dos gestores com as metas a serem alcançadas.

Em termos gerais, o orçamento é considerado um dos pilares da gestão e uma das ferramentas fundamentais para a implementação do conceito de *accountability*, ou seja, a obrigação que os gestores têm de prestar contas.

Para Welsch (1993), o planejamento e o controle de resultados – preparação de orçamentos para fins administrativos – podem ser definidos como um enfoque sistemático e formal da execução das responsabilidades de planejamento, coordenação e controle no processo de gestão das instituições.

Já Horngren, Foster e Datar (2000) entendem que um orçamento é a expressão quantitativa de um plano de ações futuras da administração para determinado período. Afirmam que os orçamentos são uma das ferramentas mais utilizadas pelas empresas no planejamento e controle e comentam, ainda, que os sistemas orçamentários fazem com que os administradores olhem para a frente, colocando-os numa melhor posição para aproveitar as oportunidades.

Garrison e Noreen (2001) definem orçamento como um plano detalhado da aquisição e do uso de recursos financeiros ou de outra natureza durante um período especificado, e afirmam que representa um plano para o futuro, expresso em termos quantitativos.

Anthony e Govindarajan (2002) defendem que o orçamento é um instrumento importante para o planejamento e o controle das empresas em curto prazo.

Podemos resumir essas conceituações realçando que orçamento é uma expressão sistemática, formal e quantitativa dos planos empresariais, bem como um importante instrumento de controle.

Numa abordagem que enfatiza as finanças empresariais, Cherry (1982) coloca o planejamento como uma das funções essenciais da administração e afirma que é uma responsabilidade adicional do administrador, além de adquirir os fundos necessários ao negócio, distribuí-los eficientemente entre as várias necessidades do empreendimento, utilizando o planejamento financeiro como forma de garantir a disponibilidade de fundos suficientes quando necessários.

Fazendo uma analogia com o corpo humano e considerando que o recurso financeiro é, para a empresa, o que o sangue é para o nosso organismo biológico (pois deve circular e alimentar seus vários órgãos), o planejamento desse fluxo é fundamental para evitar que faltem recursos vitais a um órgão tão importante, o que poderia significar seu aniquilamento e quiçá de todo o organismo (biológico ou empresarial).

Trata-se no mínimo de uma questão de sobrevivência perante a concorrência, que, por si, é dinâmica e voluntariosa, adaptando-se pela inovação, o que ajuda a criar seu desenvolvimento e, consequentemente, seu destino.

Moreira (1978) aborda a questão da inovação ao afirmar que é por meio da concepção de novas oportunidades empresariais que o administrador deve buscar a diversificação das operações da empresa, aumentando, assim, sua segurança operacional, reduzindo sua fragilidade em face de decisões governamentais, da ação de concorrentes e de crises econômicas.

De acordo com essa concepção, a atenção dos administradores deve voltar-se igualmente para o aproveitamento das novas oportunidades de negócio, o que reduz a fragilidade da empresa diante de variáveis externas gerenciadas por terceiros.

Portanto, a aleatoriedade do ambiente externo, anteriormente comentada, pode ser enfrentada com o uso da criatividade, o que pressupõe um estudo prévio, por exemplo, dos efeitos que um novo produto, embalagem etc. deve provocar no mercado e o que isso poderá significar para a empresa. Esse procedimento homologa a tese da administração planejada proposta por Welsch (1993).

Sanvicente e Santos (1989) comentam que, até certo ponto, todas as empresas planejam e controlam suas atividades com um orçamento. A formalização e a sistematização do planejamento e do controle administrativos por meio de orçamentos criam condições para que se progrida no sentido da otimização da ação administrativa, documentando-se planos e programas e permitindo uma aferição mais objetiva do desempenho da empresa.

Os autores acrescentam que planejar é estabelecer com antecedência as ações a serem executadas, estimar os recursos a serem empregados e definir as correspondentes atribuições de responsabilidades em relação a determinado período futuro para que sejam alcançados satisfatoriamente os objetivos fixados para uma empresa.

Depreendemos dessas afirmações que orçamentos constituem-se em dados representativos das expectativas da empresa com relação à mais provável evolução das condições externas e à mais desejável evolução das condições internas, que podem vir a afetar suas operações, medindo, assim, o impacto futuro das decisões tomadas hoje.

Podemos inferir também que a prática orçamentária é uma ferramenta de auxílio à gestão das empresas e consiste na formalização e sistematização dos objetivos e metas, permitindo o controle do desempenho da empresa e de seus gestores através da comparação dos resultados orçados com os realizados.

O orçamento cria o hábito de programar com a participação dos vários responsáveis nos diversos níveis, utilizar instrumentos operacionais e decidir com base em informações. Ajuda também a controlar as próprias decisões de modo rigoroso. Do ponto de vista de gestão, o orçamento melhora a coordenação dos recursos e envolve diretamente todas as áreas da empresa (técnica, comercial, financeira, de pesquisa etc.), que são chamadas a tomar decisões de forma coordenada. As vantagens na utilização do orçamento são apresentadas a seguir.

Processo orçamentário

Um programa amplo de planejamento e controle de resultados, segundo Welsch (1993:69), deve ser delineado sequencialmente de forma que haja:

- avaliação do efeito potencial das variáveis relevantes para a empresa;
- especificação dos objetivos gerais da empresa pela administração;
- estabelecimento dos objetivos específicos para a empresa;
- formulação e avaliação das estratégias da empresa;
- preparação das premissas de planejamento;
- preparação e avaliação dos planos de projetos;
- preparação e aprovação de um plano de resultados no longo prazo;
- preparação e aprovação de um plano de resultados no curto prazo;
- realização de análises suplementares;
- execução de planos;
- elaboração, disseminação e utilização de relatórios de desempenho;
- implantação de medidas de acompanhamento.

O orçamento traz para dentro da empresa algumas consequências de caráter organizacional cuja utilização favorece a conscientização quanto aos gastos e à melhor utilização dos recursos.

Todos os responsáveis pelas áreas, em diferentes níveis, devem não apenas atuar de modo tecnicamente correto, mas também considerar o aspecto econômico das decisões. Soluções tecnicamente válidas por si mesmas podem não ser aceitáveis na economia geral de toda a empresa.

Os responsáveis das diversas unidades montam o orçamento com base nos objetivos fixados pela alta administração, que praticamente deu seu apoio e aprovação final ao plano, não devendo impor o programa de cima para baixo.

A coordenação e a consultoria para o orçamento devem ser fornecidas por um dos gestores da empresa, normalmente o *controller*. Este, porém, não deve formular os dados do orçamento, mas sim aconselhar, encaminhar e exercer uma ação de supervisão e coordenação dessa tarefa, pulverizando-a entre as áreas da empresa.

O sistema de informações contábeis precisa estar composto de modo adequado, contemplando contas de classificação para as receitas e gastos, tanto para os dados orçamentários quanto para os reais.

É importante elaborar um cronograma no qual estejam definidos os prazos, as etapas e os respectivos responsáveis, visando à finalização do orçamento para quando ele necessitar ser avaliado para aprovação pelos donos das empresas ou seus representantes.

Outro fator determinante é que o orçamento não deve ser adaptado ao real, como ocorre em empresas cujos gestores pensam: "gastamos menos do que o orçado; portanto, podemos gastar mais ao final do período visando atingir o teto máximo que foi programado, caso contrário, as previsões para o próximo período virão reduzidas".

Esse comportamento muitas vezes é estimulado, ainda que inconscientemente, por administradores de abordagem mais rígida, tratando o orçamento como um mandamento gravado em pedra.

Em termos de controle, deve prevalecer o princípio da exceção, no qual o gestor se preocupa com os fatos mais relevantes – ao seguirmos as formigas, podemos perder de vista os elefantes. Às vezes, porém, por amostragem, é oportuno examinar também as pequenas variações que, no seu interior, podem conter questões mais significativas. Para um controle objetivo do orçamento, é preciso seguir à risca as etapas do processo orçamentário, apresentadas a seguir.

Processo de elaboração dos orçamentos

Normalmente, as políticas são traçadas pela alta direção ou pelo conselho de administração da empresa, desdobram-se em objetivos, são quantificadas em metas e comunicadas às áreas de responsabilidade (gestores de nível intermediário).

Enquanto o objetivo é algo que se procura alcançar sem que seja necessário quantificá-lo ou delimitá-lo no tempo, as metas constituem um alvo predeterminado, quantificado e que se pretende atingir dentro de um prazo estipulado.

A administração deve aprovar os objetivos e metas a serem perseguidos, para com eles estar também envolvida e comprometida.

Ao fixar metas para as áreas de responsabilidade, a direção da empresa dá início à elaboração do plano de ação, que é a quantificação de seus objetivos.

Quando preparamos o orçamento de uma empresa, procuramos, às vezes, com base no desempenho passado, programar seu comportamento futuro. Essa postura se baseia no raciocínio de que um orçamento que esteja dissociado do passado corre o risco de ser irreal.

Por outro lado, se quem faz o orçamento se limita a reproduzir no futuro o comportamento passado, pode estar correndo o risco oposto, que é a possibilidade de perpetuar algum erro passado e/ou desperdiçar novas oportunidades que anteriormente não haviam ocorrido.

Deve-se iniciar o processo pelos objetivos e metas de longo prazo, para depois detalhar quais as ações de curto prazo que propiciarão atingir os planos de longo prazo (planejamento estratégico).

Os propósitos do orçamento devem determinar seu período de abrangência, sendo mais frequente o período equivalente a um ano, dividido em meses ou trimestres (Horngren, Foster e Datar, 2000). Esses autores ressaltam também que o mundo dos negócios usa cada vez mais orçamentos contínuos, isto é, a adição de um mês ao período orçado em substituição ao mês encerrado, mantendo-se constantemente disponíveis as informações orçamentárias para um período de 12 meses à frente.

Anthony e Govindarajan (2002) diferenciam o processo de preparação em:

❏ planejamento estratégico concentrado nas atividades que se estendem por um período de vários anos; e
❏ elaboração de projeções concentrada num só ano.

De acordo com esses autores, o planejamento estratégico precede a elaboração do orçamento e proporciona a estrutura na qual este se apoia, estabelecendo assim uma relação íntima entre os planos de longo e curto prazos, havendo um grau de dependência do último com o primeiro.

Nesse sentido, o orçamento é a fatia correspondente ao primeiro ano do período considerado nos planos estratégicos de uma organização, embora o processo da elaboração do orçamento seja mais do que o simples corte dessa fatia.

Esse período à frente compreende a natureza do orçamento, assunto do próximo item.

Vantagens

Anthony e Govindarajan (2002:463) identificam quatro finalidades principais no uso de orçamentos:

- dar forma pormenorizada ao plano estratégico, permitindo uma análise prévia e detalhada a partir de informações mais atuais e com base no julgamento dos executivos de todos os níveis da organização;
- auxiliar a coordenação das várias atividades da organização;
- definir as responsabilidades dos executivos, autorizar os limites de gastos que eles podem fazer e informá-los sobre o desempenho que deles se espera;
- obter o reconhecimento de que o orçamento é o instrumento de avaliação do real desempenho dos executivos.

Horngren, Foster e Datar (2000:125) indicam, como vantagens, o fato de os orçamentos:

- impelirem ao planejamento, incluindo a implementação dos planos;
- fornecerem critérios de desempenho que servirão como um referencial para a avaliação do desempenho dos negócios;
- promoverem a coordenação (entrosamento e balanceamento de todos os fatores de produção ou serviços das unidades de negócio) e a comunicação (ao tornar os objetivos empresariais congruentes, compreendidos e aceitos por todos).

Welsch (1993:63) lista algumas vantagens do processo de planejamento e controle de atividades (ou resultados), destacando-se:

❏ o estabelecimento de objetivos e padrões realistas;
❏ a comunicação adequada de políticas e diretrizes pelos níveis administrativos superiores;
❏ a atualização do sistema de acordo com o dinamismo do ambiente em que a empresa opera.

Você, leitor, pode notar que a prática orçamentária é uma importante ferramenta no auxílio à gestão de negócios, constituindo-se em um programa-compromisso do que se pretende realizar e das metas a serem atingidas, fornecendo bases para se aferir o desempenho.

Embora os sistemas orçamentários sejam mais comuns em grandes organizações nas quais se cultivam técnicas administrativas sofisticadas, sua utilidade em pequenas empresas também é significativa. A pesquisa nacional *Fatores condicionantes e taxa de sobrevivência e mortalidade das micro e pequenas empresas no Brasil*, realizada pelo Sebrae (2007), revelou um aumento da taxa de sobrevivência das micro e pequenas empresas no Brasil de 51% em 2002 para 78% em 2005. A pesquisa apresentou também fatores condicionantes para esse crescimento, entre eles a preocupação com o planejamento, o qual aumentou de 24% em 2002 para 71% em 2005. Resumidamente, o orçamento apresenta uma série de vantagens, sintetizadas a seguir:

❏ obriga a efetuar sérias reflexões sobre a política de base;
❏ melhora a organização, uma vez que se atribui responsabilidades definidas a cada função;
❏ envolve todos os gestores na determinação dos objetivos;
❏ determina uma formulação harmônica dos programas de cada unidade;

- cria o hábito de raciocinar em termos de rapidez, oportunidade e cautela na tomada de decisão;
- melhora a comunicação nos sentidos vertical e horizontal;
- evidencia a eficiência e a ineficiência;
- obriga a analisar constantemente as condições econômicas gerais e a situação interna da empresa;
- verifica os progressos ou o não cumprimento dos objetivos;

As limitações na utilização do orçamento serão apresentadas a seguir.

Limitações

Como todos os instrumentos gerenciais, ainda que aperfeiçoados, também o orçamento apresenta limitações, tornando-se necessário conhecê-las caso se pretenda utilizá-lo de modo mais proveitoso.

O orçamento baseia-se em dados que, embora às vezes estejam subordinados a critérios e metodologias rigorosas, podem não considerar alguma variável que venha a impactar o futuro dos negócios.

Assim, os orçamentos devem ser avaliados com a cautela necessária a quem lida com o futuro, cujo grau de previsibilidade varia de um negócio ou tempo para outro, apesar de elaborado segundo técnicas adequadas, inclusive as estatísticas.

Quanto à implantação de cultura orçamentária, não é possível pretender que o orçamento dê resultados imediatos, logo depois de sua introdução na empresa. Isso requer tempo para ajustes, testes e correções, pois não basta apenas seguir os procedimentos; é necessário formar uma mentalidade orçamentária, uma convicção em todos os responsáveis. Caso contrário, corre-se o risco de ele se tornar um instrumento ineficaz e de representar um aumento de esforços para a empresa que o adota.

Ao implantarmos um orçamento na empresa, não podemos ignorar que, num primeiro momento, poderá haver atitudes de recusa por parte de alguns componentes da organização, não habituados a controles orçamentários. Portanto, é necessária uma abordagem de esclarecimento das suas finalidades e treinamento na sua operação. Isso contribui para que se crie uma convicção das qualidades do instrumento e para que ele seja aceito e tenha apreciados seus aspectos positivos. Além disso, a abordagem deve ser flexível para que possa se adaptar às eventuais modificações das circunstâncias empresariais por meio de revisões oportunas.

A fase de controle não é automática, mas requer esforços para que se façam análises e investigações das diferenças entre aquilo que foi orçado e o que está sendo executado.

Welsch (1993:63-64) acrescenta que, no desenvolvimento e na utilização de um sistema orçamentário de planejamento e controle, devem ser observadas as seguintes limitações:

❑ o plano orçamentário baseia-se em estimativas. A força ou debilidade do programa orçamentário depende em grande parte do cuidado com que as estimativas básicas são obtidas;
❑ um programa orçamentário deve ser continuamente adaptado para ajustar-se a novas circunstâncias;
❑ a execução de um programa orçamentário não se processa automaticamente; uma vez completo, o plano se tornará efetivo somente se os executivos responsáveis derem seu apoio e exercerem um esforço contínuo objetivando sua execução.

Assim, embora a ferramenta de planejamento e controle do lucro seja de grande importância, não se deve supor que a elaboração de orçamentos seja perfeita ou isenta de problemas.

Podemos afirmar que as dificuldades do processo de planejamento e controle compreendem: obter o apoio da alta administração, desenvolver o orçamento de vendas e demais planos operacionais, promover a educação orçamentária no âmbito da empresa, fixar padrões realistas, alcançar flexibilidade na aplicação do orçamento e manter permanentemente processos adequados de acompanhamento como o processo orçamentário apresentado a seguir.

Organização do processo orçamentário

Um resumo do processo de gestão do orçamento pode ser inspirado em Horngren, Foster e Datar (2000), quando lembram que a maioria das empresas adota etapas básicas comuns, como as listadas a seguir:

- elaboração de um manual com instruções para a elaboração dos orçamentos;
- divulgação de dados básicos e condições que nortearão a preparação das informações orçamentárias;
- início do processo pelo orçamento de receitas, seguido pelo de produção, custos, estoques e despesas;
- uso de simulações com auxílio de recursos de informática, gerando modelos de planejamento financeiro que são representações matemáticas das relações entre as atividades que serão desenvolvidas a partir dos planos da empresa.

Normalmente, aqueles que se ocupam da elaboração de orçamentos anuais ou plurianuais apoiam-se preliminarmente na história, ou seja, na experiência passada, o que pressupõe uma empresa estática, parada no tempo. Por outro lado, o estabelecimento das metas poderá ser baseado mais nos objetivos fixados do que na extrapolação do desempenho passado, posto que muitas vezes deseja-se mudar o rumo e a posição da empresa no mercado em que atua.

Devem-se determinar os parâmetros (inflação, políticas sobre o quantitativo, remuneração do pessoal etc.) que servirão para nortear a elaboração do orçamento pelas diferentes equipes.

Esses critérios e padrões de procedimentos a serem adotados, bem como os formulários e planilhas a serem preenchidos, devem ser divulgados especificando-se o conteúdo e a forma dos dados que cada profissional com responsabilidade orçamentária utilizará.

O planejamento deve se constituir em um esforço coordenado, não sendo produto de um único profissional. A preparação dos orçamentos é uma tarefa que deve ser pulverizada pela empresa, visando comprometer as equipes com os resultados desejados.

O sistema orçamentário somente irá operar com sucesso se os profissionais que possuem responsabilidade orçamentária tiverem participação ativa no estabelecimento das metas a serem atingidas. A boa prática recomenda que alguns (se não todos os) níveis da administração da empresa participem do estabelecimento do orçamento.

Se esse princípio não for seguido, o sucesso do orçamento como ferramenta gerencial poderá ficar prejudicado, pois poderá não haver comprometimento da equipe com os resultados pretendidos.

A preparação do orçamento fica a cargo de profissionais diferentes sem que, no entanto, se perca sua integração e consistência.

A consolidação dessas informações é feita normalmente pela equipe financeira da diretoria da empresa, conforme veremos a seguir na preparação dos diferentes orçamentos.

Preparação dos diferentes orçamentos

O orçamento é um plano formal e detalhado, expresso em termos quantitativos.

No âmbito das diretrizes fixadas pela empresa, cada responsável prepara o próprio orçamento, a ser confrontado com todos os outros orçamentos setoriais, para que seja conferida a congruência entre eles. Depois dos ajustes necessários, o orçamento consolidado é aprovado pela direção e torna-se executável.

As operações descritas geralmente são realizadas ao final do período anterior ao orçado (último quadrimestre do ano, por exemplo), para que seja concluída a aprovação do orçamento antes de sua efetiva execução.

Frequentemente, essa fase é precedida, especialmente em empresas de grande porte, pela redação de um pré-orçamento, no qual são estabelecidas algumas bases que permitem uma visão preliminar ou um orçamento prévio, ou seja, antes de haver envolvimento das outras áreas na sua elaboração.

O orçamento é discutido de forma colegiada pelos responsáveis de cada área, no sentido de enfocar todas as variáveis em jogo e verificar a compatibilidade recíproca.

Algumas decisões parecem adequadas quando observadas no âmbito de um setor. Porém, quando aplicadas a uma visão mais sistêmica, podem não ser adequadas à necessidade global da empresa. Para tanto, em algumas empresas é formada uma equipe de trabalho denominada Comitê de Orçamentos.

Também os procedimentos de elaboração precisam ser explicitados formalmente num manual em que, entre outros itens, devem estar identificados os responsáveis pelas diversas operações.

A elaboração do orçamento ocorre segundo as datas estabelecidas por um cronograma que prevê a sequência de formulação dos diversos orçamentos setoriais.

Na preparação dos orçamentos setoriais, os diversos responsáveis são assistidos pelos técnicos da área de orçamento, geralmente sob responsabilidade da área de controladoria da empresa, que não possuem poder de decisão na formulação das propostas orçamentárias de cada área. Esses técnicos exercem principalmente a função de assessoria e coordenação, com a finalidade de garantir a correta observância dos procedimentos de coleta e tratamento dos dados, visando apresentá-los à direção de forma adequada.

Uma sequência lógica para a formação de orçamentos setoriais de caráter meramente indicativo, uma vez que nem todos os itens específicos se referem às realidades empresariais, é apresentada a seguir:

- orçamento de investimentos de capital;
- orçamento comercial (vendas, despesas incidentes sobre as vendas);
- orçamento de custos (matérias-primas; mão de obra; custos indiretos de produção, tais como manutenção, energia etc.; compras e estoques);
- orçamento de despesas (administrativas e comerciais);
- orçamento do resultado econômico;
- orçamento do fluxo de caixa financeiro;
- orçamento do balanço patrimonial.

Até aqui, abordamos o processo orçamentário usado no modelo denominado orçamento empresarial. A seguir, veremos o orçamento contínuo e o orçamento flexível. Mais adiante, outros modelos orçamentários também serão abordados.

Orçamento contínuo

Horngren, Foster e Datar (2000:127) afirmam que "o mundo dos negócios está usando, cada vez mais, Orçamentos

Contínuos" e complementam que se trata de "um plano que está sempre disponível para um período futuro especificado pela adição de um mês, trimestre ou ano, à medida que um mês, trimestre ou ano se encerra".

No modelo de orçamento contínuo, há sempre uma projeção (móvel) para o próximo período orçamentário. Daí também ser conhecido como *rolling forecasts*. A NEC Corporation, do Japão, por exemplo, possui orçamento operacional anual atualizado mensalmente (Horngren, Foster e Datar, 2000).

> Orçamento contínuo é o processo orçamentário que considera um horizonte futuro de operações (normalmente um ano) organizado em subintervalos (normalmente um mês). À medida que cada mês se encerra ele é excluído do período orçado. Ao mesmo tempo, adiciona-se um novo mês ao final do período, recompondo-se o horizonte de 12 meses. Assim, continuamente teremos um orçamento para 12 meses à frente. Convém ressaltar que a adoção desse conceito traz algumas desvantagens como, por exemplo, o tempo consumido pela organização na elaboração constante de orçamentos (Padoveze e Taranto, 2009:36).

Orçamento flexível

Trata-se de uma abordagem orçamentária que considera o nível de atividade e suas eventuais alterações. Exemplificaremos esse modelo por meio de uma empresa de comestíveis cuja previsão era vender 100 unidades de seus produtos, porém só conseguiu vender 80; assim, a variação acabou sendo desfavorável em relação ao orçamento original.

A flexibilização do orçamento mostra a receita e os gastos esperados em relação aos volumes efetivamente praticados, permitindo uma comparação mais válida entre a atividade real e a orçada.

A diferença entre o orçamento estático e o orçamento flexível ocorre muitas vezes no processo a posteriori do planejamento, isto é, quando forem preparados os relatórios de desempenho. No orçamento estático, ao comparar os resultados e gastos efetivamente incorridos com os orçados, consideram-se os valores projetados e os realizados.

A tabela 1 exemplifica o valor que a empresa L Comestíveis projetou gastar para produzir 9 mil bolos.

Tabela 1
PROJEÇÃO DE CUSTOS PARA PRODUZIR 9 MIL BOLOS

Item	Quantidade	Valor (R$)
Farinha	9.000 kg	34.200,00
Manteiga	2.250 kg	54.000,00
Mão de obra direta	4.500 homens/h	45.000,00
Custos fixos	–	70.000,00

Durante o mês foram produzidos 7 mil bolos, e os gastos reais com os insumos estão apresentados na tabela 2.

Tabela 2
GASTOS REAIS COM OS INSUMOS NA PRODUÇÃO DE 7 MIL BOLOS

Item	Quantidade	Valor (R$)
Farinha	7.300 kg	29.200,00
Manteiga	1.900 kg	47.000,00
Mão de obra direta	3.300 homens/h	36.300,00
Custos fixos	–	70.300,00

O relatório de desempenho que as empresas apresentam normalmente tem a forma que se observa na tabela 3.

Tabela 3
RELATÓRIO DE DESEMPENHO APRESENTADO PELA EMPRESA

\multicolumn{5}{c}{Relatório de desempenho}
Item	Orçado	Real	Variação	Tipo da variação
Quantidade de bolos	9.000	7.000	2.000	Desfavorável
Farinha	R$ 34.200,00	R$ 29.200,00	R$ 5.000,00	Favorável
Manteiga	R$ 54.000,00	R$ 47.000,00	R$ 7.000,00	Favorável
Mão de obra direta	R$ 45.000,00	R$ 36.300,00	R$ 8.700,00	Favorável
Custos fixos	R$ 70.000,00	R$ 70.300,00	R$ 300,00	Desfavorável

Uma observação cuidadosa mostra que a quantidade orçada e a quantidade real são substancialmente diferentes. Os gastos foram orçados para uma produção de 9 mil bolos, e compará-los com uma produção de 7 mil bolos significa uma distorção na análise. De acordo com as informações constantes na tabela 3, o supervisor da produção foi eficiente, pois apresentou variações favoráveis.

Apesar de sabermos intuitivamente que uma produção menor significa menores gastos com insumos variáveis, o relatório de desempenho apresentado na tabela 3 não nos permite constatar efetivamente esse conceito. Se a performance do supervisor estiver sendo avaliada e utilizarmos o conceito de que o mesmo foi ineficiente, ele certamente achará que foi injustiçado, já que as variações dos insumos sob sua responsabilidade foram favoráveis.

O orçamento flexível baseia-se no padrão de comportamento dos custos e, em sua análise *a posteriori* os insumos têm seus valores reais comparados com os ajustados no mesmo nível de atividade (efetivamente ocorrido). Isto significa, no exemplo da tabela 3, que os gastos com farinha, manteiga e mão de obra direta são comparados com os valores que deveriam ter ocorrido, caso o planejamento tivesse sido para 7 mil bolos. Para conhecermos esses dados, o primeiro passo é definir o comportamento dos custos para produzir bolos. O padrão de um bolo para custos variáveis é mostrado na tabela 4.

Tabela 4
PADRÃO DE ORÇAMENTO DE UM BOLO PARA CUSTOS VARIÁVEIS

Item	Quantidade	Valor (R$)
Farinha	1 (R$ 3,80/kg)	3,80
Manteiga	0,25 (R$ 24,00/kg)	6,00
Mão de obra direta	0,5 (R$10,00/homem/h)	5,00
Total do custo unitário		14,80

A empresa orçou gastar R$ 70 mil com custos fixos para ter uma capacidade de produção de 9 mil bolos. Portanto, o orçamento para produzir 9 mil bolos é idêntico ao estático (tabela 5).

Tabela 5
PADRÃO DE ORÇAMENTO PARA PRODUZIR 9 MIL BOLOS

Item	Quantidade	Valor (R$)
Farinha	9.000 kg (1 kg x 9.000 bolos)	34.200,00
Manteiga	2.250 kg (0,25 kg x 9.000 bolos)	54.000,00
Mão de obra direta	4.500 (0,5/homem/h x 9.000 bolos)	45.000,00
Custos variáveis totais		133.200,00
Custos fixos totais		70.000,00
Total dos custos		203.200,00

No orçamento flexível, a análise dos gastos com insumos permite identificar melhor as variações. Os valores reais são comparados com os valores dos insumos, ajustados ao nível da produção efetivamente realizada, isto é, para 7 mil bolos.

O relatório de desempenho do supervisor de produção mostra as variações constantes (tabela 6).

Tabela 6
VARIAÇÕES DO RELATÓRIO DE DESEMPENHO

Item	Realizado	Orçamento flexível	Variação
Quantidade de bolos	7.000	7.000	–
Farinha	R$ 29.200,00	R$ 26.600,00	2.600,00 (D)
Manteiga	R$ 47.000,00	R$ 42.000,00	5.000,00 (D)
Mão de obra direta	R$ 36.300,00	R$ 35.000,00	1.300,00 (D)
Custos variáveis totais	R$ 112.500,00	R$ 103.600,00	8.900,00 (D)
Custos fixos totais	R$ 70.300,00	R$ 70.000,00	300,00 (D)
Variação total dos custos			9.200,00 (D)

No relatório mostrado na tabela 6, os valores orçados são ajustados como se tivessem sido planejados para uma produção igual à efetivamente realizada. Assim, a base para comparação é mais justa e o pensamento do supervisor não será o de sentir-se injustiçado. Tal sistema de informação induz o supervisor a produzir conforme o padrão, pois o padrão é um meio de comunicar como queremos a produção.

O padrão representará a eficiência operacional desejada pela empresa, e o supervisor será estimulado a produzir de acordo com ele: consumir 1 kg de farinha para cada bolo e adquirir 1 kg de farinha por R$ 3,80. O supervisor terá motivação para agir conforme o padrão para todos os custos variáveis sob sua responsabilidade.

A exposição apresentada anteriormente demonstra que o orçamento estático compara os resultados com os planos iniciais, independentemente de mudanças que tiverem ocorrido nas condições. Já o orçamento flexível serve como uma base de comparação: o padrão representa a eficiência esperada para cada unidade e, uma vez tendo conhecimento do nível operacional ocorrido, os valores a serem empregados para comparação com o real são automaticamente relacionados com esse nível operacional real.

Neste capítulo, você, leitor, foi apresentado às informações aqui sintetizadas:

❏ orçamento é uma expressão sistemática, formal e quantitativa dos planos empresariais, bem como um importante instrumento de controle;
❏ principais finalidades no uso de orçamentos: dar forma pormenorizada ao plano estratégico; auxiliar a coordenação das várias atividades da organização; definir as responsabilidades dos executivos, autorizando os limites de gastos e informando-os do desempenho que deles se espera; obter o reconhecimento de que o orçamento é o instrumento de avaliação do real desempenho dos executivos;
❏ principais vantagens: obriga a efetuar sérias reflexões sobre a política de base; favorece a melhoria da organização; envolve todos os gestores na determinação dos objetivos; determina uma formulação harmônica dos programas de cada unidade; cria o hábito de raciocinar em termos de rapidez, oportunidade e cautela na tomada de decisão; melhora a comunicação nos sentidos vertical e horizontal; evidencia a eficiência e a ineficiência; obriga a analisar constantemente as condições econômicas gerais e a situação interna da empresa; verifica os progressos ou o não cumprimento dos objetivos;

- limitações do sistema orçamentário: baseia-se em estimativas; deve ser continuamente adaptado; não se processa automaticamente;
- o processo orçamentário deve ter: avaliação do efeito potencial das variáveis relevantes para a empresa; especificação dos objetivos gerais da empresa pela administração; estabelecimento dos objetivos específicos para a empresa; formulação e avaliação das estratégias da empresa; preparação das premissas de planejamento; preparação e avaliação dos planos de projetos; preparação e aprovação de um plano de resultados no longo e no curto prazos; realização de análises suplementares; execução de planos; elaboração, disseminação e utilização de relatórios de desempenho; implantação de medidas de acompanhamento;
- os propósitos do orçamento devem determinar seu período de abrangência, sendo mais frequente o período equivalente a um ano, dividido em meses ou trimestres; utilizam-se também orçamentos contínuos, que caracterizam-se pela adição de um mês ou trimestre ao período orçado em substituição ao mês encerrado, mantendo-se constantemente disponíveis as informações orçamentárias para um período de 12 meses à frente;
- na organização de um processo orçamentário é preciso: possuir um manual com instruções; divulgar dados básicos e condições que nortearão a preparação das informações orçamentárias; iniciar o processo pelo orçamento de receitas, seguido pelo de produção, custos, estoques e despesas; fazer uso de simulações com auxílio de recursos de informática; determinar os parâmetros;
- a sequência lógica para a formação de orçamentos setoriais deve ser: de investimentos de capital, especialmente quando há expansões estratégicas; comercial; de custos; de despesas; do fluxo de caixa financeiro e do balanço patrimonial;

❑ diferença entre o orçamento estático e o orçamento flexível: no orçamento estático, ao comparar os resultados e gastos efetivamente incorridos com os orçados, consideram-se os valores projetados e os realizados; o orçamento flexível baseia-se no padrão de comportamento dos custos e, na sua análise, os insumos têm seus valores reais comparados com os ajustados ao nível de atividade efetivamente ocorrido (realizado).

No próximo capítulo, serão abordadas as novas tendências da gestão orçamentária.

2
Orçamento base zero (OBZ), orçamento matricial (OM) e gerenciamento matricial de despesas (GMD)

Neste capítulo, você, leitor, verá os mais recentes modelos orçamentários e tendências que vêm sendo adotados pelas empresas e as auxiliam a melhorar seu processo de gestão: a abordagem dos modelos de orçamento base zero (OBZ), orçamento matricial (OM) e gerenciamento matricial de despesas (GMD), cujo objetivo é atender ao aprimoramento da gestão orçamentária.

Orçamento base zero (OBZ)

As organizações estão passando por inovações e transformações cada vez maiores e mais profundas, o que as obriga a buscar constantemente novas metodologias e ferramentas que as auxiliem a aperfeiçoar a gestão das operações, reduzir custos e aprimorar o desempenho, aumentar a competitividade e também o market share frente a uma concorrência cada vez mais competitiva.

Para atender a essas demandas, surgiram novos modelos de gestão orçamentária, mais aprimorados em relação aos modelos tradicionais. Um desses modelos é o orçamento base zero (OBZ).

O OBZ tem como premissa abandonar os dados históricos das despesas e receitas de períodos anteriores, para que esses dados não se reproduzam nas projeções do futuro da empresa sem uma análise e crítica prévia da sua necessidade. A homologação do orçamento de gastos é feita após uma justificativa de sua real necessidade, o que reduz a possibilidade de se perpetuarem erros e procedimentos inconsistentes com o futuro das operações. Um breve histórico do OBZ será apresentado no próximo tópico.

Breve histórico

O OBZ teve sua origem na década de 1960, nos Estados Unidos da América, quando foi usado pela empresa Texas Instruments Inc. Por conta do êxito desse modelo, o ex-presidente Jimmy Carter, à época governador da Geórgia (anos 1970), contratou seus desenvolvedores para implantá-lo no governo, o que foi realizado com significativo sucesso.

No ano de 1973, Peter A. Phyrr escreveu o livro *Zero-base Budgeting: a Practical Management Tool for Evaluating Expenses*, que propõe técnicas simples de avaliar a relação custo/benefício dos gastos ao se adotar esse modelo, cujo conceito será apresentado a seguir.

Conceito

O OBZ é um modelo utilizado pelas organizações para a elaboração de orçamentos no qual são analisadas as premissas relacionadas com a função de cada despesa e as necessidades estratégicas das organizações. Funciona como um orçamento de novos projetos, no qual não são utilizadas bases históricas ou índices de reajustes de despesas, como é feito no modelo tradicional, que adota o método incremental: reduzem-se linearmente as despesas por um percentual fixado por critério semelhante e, por um percentual diferente, aumentam-se linearmente as receitas.

Para Garrison e Noreen (2001), o OBZ rejeita a visão tradicional do orçamento e, principalmente, a ideia do orçamento incremental, que leva em consideração os dados do ano passado mais um adicional. Em vez disso, o OBZ projeta todos os dados orçamentários como se estivessem sendo elaborados pela primeira vez. Ao contrário do orçamento incremental, o OBZ busca garantir a eficiência econômica e financeira das atividades dentro do contexto orçamentário.

A principal abordagem trazida pelo OBZ é o ajuste do orçamento de gastos à capacidade de recursos da empresa, descentralizando as operações e permitindo maior controle das despesas da organização com o objetivo de reduzir custos e melhorar os resultados. Acompanhe, leitor, no próximo item, as vantagens e desvantagens na utilização do OBZ.

Objetivos

Um dos principais objetivos do OBZ é o de alocar recursos, que costumam ser limitados, o que constitui um desafio cada vez maior. As empresas enfrentam queda nos lucros, elevação nos custos e pressões para manter os preços baixos.

O objetivo de alocar bem os recursos deve fornecer respostas a algumas questões, como: quanto, onde e como gastar os recursos de forma eficiente?

É importante mudar a prática orçamentária de modo que facilite conhecer quais os recursos disponíveis, quanto deve ser gasto, os objetivos e metas a atingir, quais atividades e/ou programas são mais adequados e quais devem ser priorizados, e quais programas alternativos permitem cumprir melhor os objetivos.

O OBZ exige dos gestores comprometimento e responsabilidade na elaboração do orçamento da empresa.

Segundo Carvalho (apud Lunkes, 2007:87), as principais características e objetivos da técnica OBZ são:

❑ analisar o custo/benefício de todos os projetos, processos e atividades, partindo de uma base zero;
❑ focar objetivos e metas das unidades de negócio cujos recursos são consequência do caminho ou direção planejada;
❑ chamar a atenção dos gestores para que se concentrem nas quantidades de recursos necessárias para cada atividade/empreendimento e não no aumento ou diminuição em relação ao ano anterior;
❑ assegurar a correta alocação de recursos necessários com informações detalhadas sobre risco e retorno, com base no foco e nos fatores-chave do negócio;
❑ aprovar o nível de gastos após a elaboração, com base em critérios previamente definidos;
❑ desenvolver o orçamento de forma participativa, com intensa comunicação entre as áreas;
❑ fornecer subsídios decisórios inteligentes para a gestão;
❑ justificar todos os programas cada vez que se inicia um novo ciclo orçamentário;
❑ possibilitar a auditoria de desempenho.

Na sequência, detalharemos a aplicação do modelo OBZ.

Aplicação do modelo OBZ

O processo orçamentário através do OBZ exige que os gestores assumam a responsabilidade sobre seus gastos, que todas as funções e atividades da empresa sejam analisadas detalhadamente, bem como que o sejam as alternativas para se atingir o resultado desejado, avaliando-se opções entre a realização parcial ou total das metas e os custos a ela associados. Dessa forma, cada gestor é obrigado a apresentar justificativas e argumentos capazes de comprovar a necessidade do gasto para sua unidade ou setor.

Esse processo se compõe de cinco fases (Phyrr, 1981):

1. preparação da base orçamentária e estabelecimento de metas e objetivos;
2. realização da coleta de dados;
3. identificação e avaliação detalhada das atividades, alternativas e custos para a realização dos planos;
4. negociação do orçamento e determinação das opções;
5. consolidação do orçamento e plano de operação.

Por suas características, as fases 2 e 3 demandam mais tempo. Posteriormente, com os dados obtidos nessas fases, dá-se início à elaboração do orçamento, no qual cada responsável reavalia seus gastos e necessidades para o próximo período, justificando-os a partir do objetivo principal, que é a maximização do desempenho (fazer mais com menos).

Ao contrário do orçamento incremental, o OBZ busca garantir, por meio dos chamados pacotes de decisão, a eficiência econômica e financeira das atividades avaliadas no contexto orçamentário. Um pacote de decisão deve contemplar:

❑ a descrição dos objetivos do pacote proposto;
❑ a análise dos gastos envolvidos no pacote, tais como custo de mão de obra, contratação de serviços de terceiros, investimentos etc.;
❑ a análise das alternativas para a realização dos objetivos propostos;
❑ o estabelecimento de métricas para avaliação do desempenho da atividade;

- a análise das consequências de não se implantar o pacote proposto;
- a análise da relação custo/benefício;
- as informações complementares.

As fases 1, 2 e 3 buscam determinar a real necessidade dos gastos e estão contempladas no processo orçamentário à época denominado pela Brahma (hoje AB-InBev – fusão da belga Interbrew com a brasileira AmBev) Projeto Volta às Origens, o qual consiste em rever todos os orçamentos elaborados anteriormente, buscando justificar a efetiva necessidade dos gastos orçados. A seguir, veja as vantagens e desvantagens do OBZ.

Vantagens e desvantagens

O OBZ estimula o processo participativo dentro das organizações, contribuindo para o desenvolvimento de habilidades técnicas e da capacidade de tomar decisões. Nesse modelo, o orçamento é uma ferramenta que depende do nível de aprendizado e comprometimento das pessoas.

Outros benefícios resultam do aproveitamento das ideias dos gestores, obtendo-se melhores planos e práticas, uma alocação mais flexível e eficaz dos recursos em atendimento às prioridades, além da identificação e eliminação de desperdícios.

Outra vantagem significativa é que o modelo OBZ pode ser aplicado em qualquer organização, com ou sem fins lucrativos.

Uma desvantagem do OBZ é que sua elaboração é demorada, com inúmeros controles que consomem mais tempo do que os orçamentos tradicionais, em virtude da necessidade de criticar e justificar os gastos, especialmente os que forem relevantes, para posterior aprovação. Uma ilustração de um caso real do OBZ está exposta a seguir.

Apresentação de caso

A Ambev (fusão entre a Antarctica e a Brahma que resultou, à época, na terceira maior cervejaria do mundo) foi, no Brasil, uma empresa considerada ícone no uso bem-sucedido da ferramenta OBZ, em que os gestores de pacotes devem orçar os gastos do próximo exercício através da análise e considerando as reduções determinadas pela empresa. Os pacotes de decisão são explicados a seguir.

Pacotes de decisão

Os pacotes de decisão servem para auxiliar a alta administração na alocação dos recursos de acordo com a necessidade dos gastos, procurando a justificativa de sua existência.

A partir de análises realizadas sobre os gastos existentes na empresa, descrevendo cada atividade e orçando os gastos de acordo com sua origem, semelhança e natureza é que são planejados os pacotes de decisão, que servirão como parâmetro para identificar e descrever uma atividade específica de modo que a administração possa avaliá-la e compará-la com as demais atividades que disputem a alocação dos mesmos recursos e decidir se deve aprová-los ou rejeitá-los. Isso exige que as atividades sejam classificadas por ordem de prioridade, ou seja, o planejamento dos pacotes de decisão contempla as atividades que são consideradas absolutamente essenciais para que as organizações possam produzir o mínimo necessário (Phyrr apud Lunkes, 2007).

Quando se fala em cortes de gastos, é comum considerar-se uma redução linear de x% para se obter aproximadamente y% de retorno, eliminando gorduras embutidas como salvaguardas aos cortes. Esse aspecto comportamental transforma o momento de definição do orçamento num evento grave, em que a profundidade dos cortes não raro mutila a peça orçamentária e as possibilidades futuras da empresa. Adicionalmente, produz desmotivação nos gestores que tiveram seus programas postergados, cortados ou reduzidos.

A seguir, veja as considerações finais sobre o modelo OBZ.

Considerações finais sobre o modelo OBZ

Podemos observar que o OBZ é uma ferramenta de alocação eficiente de recursos, uma vez que não visa somente a redução de custos e a garantia de economias, mas também proporciona o desenvolvimento de melhores práticas para a elaboração das atividades empresariais.

O OBZ proporciona um controle dos gastos da organização acompanhado do conhecimento das atividades que os originaram, garantindo informações mais confiáveis para a elaboração do planejamento de suas metas e objetivos.

Ao mesmo tempo, a empresa necessita adotar uma abordagem matricial capaz de atender às exigências estruturais dessa ferramenta, na qual haverá um duplo controle dos gastos: pelo gestor funcional e pelo gestor do gasto.

Finalmente, você, leitor, deve ter em mente que, além de uma comunicação eficaz, é importante contar com o apoio da direção nesse modelo orçamentário.

Orçamento matricial (OM)

O orçamento estratégico visa estabelecer objetivos, estratégias e ações que possibilitem o aumento da competitividade empresarial. A tradução dos objetivos, estratégias e ações em planos detalhados, objetivos de lucro e previsão de despesas é feita através do orçamento.

A globalização dos mercados, em conjunto com a revolução tecnológica, permitiu a redução das barreiras comerciais e informacionais. Nesse cenário, os modelos utilizados para atender ao novo ambiente de negócios de alta competitividade tornaram-se ineficientes e obsoletos. As empresas foram forçadas a adotar uma postura proativa em relação ao ambiente.

O principal objetivo da metodologia do OM é ser um instrumento para elaboração e controle do orçamento. Tal processo envolve toda a linha gerencial da empresa na busca de oportunidades para redução dos gastos, com vistas a atingir a meta corporativa, ou seja, a meta determinada pelo acionista, cuja formulação estratégica nada mais é que o planejamento estratégico da empresa.

O OM implica avaliação detalhada dos gastos realizados, alocação de responsabilidades por pacotes de gastos e unidades administrativas, definição de oportunidades de ganhos e padronização das ações, visando ao alcance das metas. Nele, as atividades da empresa são resultantes de um processo racional, lógico e organizado, e não de um planejamento e controle a longo prazo, no qual suas atividades vão sendo adequadas pela direção, da melhor forma possível, às leis de demanda e oferta de mercado.

Com o OM, entra em cena um novo personagem: o gestor de contas, que terá a responsabilidade de administrar as contas de despesas (linhas horizontais), enquanto os gerentes de unidades ou departamentos mantêm a responsabilidade por seus gastos específicos (colunas verticais). Daí a abordagem matricial (intercessão da linha com a coluna) gerar uma dupla visão sobre o gasto, a qual se denomina orçamento matricial.

O objetivo principal da elaboração do OM é fazer mais gastando menos no período orçado seguinte ao atual, sempre considerando a mesma satisfação do cliente e a remuneração ao acionista, refletindo preços competitivos e produtos e serviços diferenciados.

No orçamento matricial, os gastos também precisam ser fundamentados e justificados quanto à sua real necessidade. O gestor de contas vai se preocupar com um gasto relevante, e este não ficará órfão de gestão pela falta de informação. O gestor de contas vai propor, controlar e responder por seu gasto (como exemplo desse procedimento, podemos citar aluguéis, despesas com pessoal e viagens, cuja representação se dará nas linhas horizontais da matriz de orçamento). Ele terá uma visão individualizada do gasto em vez de uma visão como a do gestor funcional, em que a representação costuma estar nas linhas verticais da matriz de orçamento e a preocupação é única e tão somente com o total dos gastos, porém sem individualizá-los. Dessa forma, é possível reduzir o gasto ao mudar a forma de tratá-lo. Por exemplo, no caso das despesas com viagens, seria possível comprar as passagens diretamente de uma agência, consolidando as necessidades dos diferentes departamentos.

O gestor de contas é um profissional designado pela alta administração, acumulando sua função na empresa com a do gerenciamento do gasto para o qual foi escolhido. Contudo, numa espécie de controle cruzado dentro da matriz orçamentária, os gerentes funcionais, assim como ocorre no orçamento tradicional, continuam responsáveis pelos gastos da sua unidade funcional ou departamento (compras, vendas, produção, finanças, almoxarifado, logística etc.). Na hora de elaborar o orçamento, o gestor funcional contatará o gestor do gasto, que compilará as demandas das áreas e determinará a maneira mais eficiente de a empresa realizar o gasto, visando fazer mais com menos. A seguir, será apresentada a metodologia do orçamento matricial.

Metodologia

A metodologia matricial, cujo processo será detalhado à frente, quando tratarmos do gerenciamento matricial de despesas, tem como princípio o acompanhamento sistemático dos gastos mediante reuniões para seu controle e acompanhamento mensal do resultado por meio da gestão à vista e auditorias de procedimentos.

Realçamos a importância da análise preliminar das variáveis e da definição de atividades, parâmetros e indicadores que determinarão o OM. Essa análise consiste no estudo das contas contábeis (variáveis), identificando os tipos de despesas que são contabilizadas e as respectivas contas contábeis, passíveis e não passíveis de comparação entre as diversas entidades da empresa.

A análise dos dados coletados e o estabelecimento de réguas serão explicados no próximo tópico.

Análise dos dados coletados e estabelecimento de réguas

A régua estabelece o limite, ou seja, a meta de gasto para cada variável nos diferentes centros de custo, objetivando garantir que se atinjam metas compatíveis e desafiadoras para cada um deles. Ao se traçar a régua, os valores extremos são desprezados, devendo haver uma negociação entre gestores de pacotes e donos dos centros de custos sem perder de vista que os resultados obtidos devem ser suficientes para garantir o alcance das metas corporativas.

Leitor, a seguir veja a definição das metas nos centros de custos.

Definição preliminar das metas nos centros de custos

As metas corporativas são obtidas a partir do processo de formulação estratégica da empresa, cujos objetivos são desdobrados em metas para todos os níveis da organização.

Os passos para o estabelecimento das metas são: analisar os gastos históricos, identificar os parâmetros e determinar os indicadores. Com base nesses indicadores e nos parâmetros já levantados, estabelece-se a nova previsão de gastos para o exercício a ser orçado. O controle e acompanhamento dos gastos é o tema do próximo tópico.

Controle e acompanhamento

O acompanhamento dos gastos realizados *versus* o que foi orçado permite verificar a ocorrência de anomalias para análise e tomada de ações corretivas. Tal acompanhamento deverá ser feito tempestiva e mensalmente.

Através de um programa de gestão à vista, as áreas terão sua performance divulgada por pacote. A gestão à vista pode ser representada num gráfico que deverá ser fixado em lugar visível, onde estarão identificadas, por um sistema de comunicação semelhante às cores de um sinal de trânsito (verde, amarelo e vermelho), a performance de cada pacote, como será visto detalhadamente em gerenciamento matricial de despesas, mais adiante.

A metodologia matricial propõe, neste último caso, a aplicação de ações corretivas, considerando um limite de tolerância, conforme proposta dos gestores de pacotes. Sempre que determinado centro de custo ultrapassa esse limite, reporta-se pelo relatório de anomalias, no qual o responsável pelo centro de custo deverá se justificar, informando as principais causas para a ocorrência do desvio, as medidas corretivas a serem adotadas e o prazo para a absorção do gasto excedente.

Essa metodologia propõe ainda a realização de reuniões mensais, quando são apresentadas as variações indicadas pelo relatório de anomalias a fim de que sejam aprovados os planos de ação para correção dos rumos. Outra proposta da metodologia matricial de controle dos gastos é a realização de auditorias contábeis em todas as entidades, objetivando garantir o cumprimento dos padrões e planos de ação e a realização de análises e orientações que se fizerem necessárias sobre as anomalias porventura existentes, objetivando a aplicação de ações corretivas. A seguir, serão apresentadas as considerações finais sobre o modelo OM.

Considerações finais sobre o modelo OM

Os princípios do OM incluem o controle cruzado dos gastos por mais de uma pessoa, o desdobramento dos gastos até o nível de conta contábil e o acompanhamento sistemático deles, atuando sempre que correções sejam necessárias. Por meio do controle cruzado, o OM envolve todo o corpo gerencial e os gestores de pacotes no acompanhamento e controle dos gastos em decorrência de seu formato matricial, bem como suscita a participação da maioria dos funcionários nesse processo de acompanhamento e controle orçamentário.

As etapas que compõem o processo de OM são: a preparação da base orçamentária, a definição e negociação das metas e a consequente consolidação do orçamento. O uso da metodologia matricial ressalta a importância dos gestores de pacotes em cada fase do processo de elaboração do orçamento. Estes últimos preocupam-se com tornar o gasto mais eficiente nas contas que compõem seu pacote.

Concluímos ser também relevante para o exercício da função o comprometimento, o poder de negociação e o bom relacionamento interpessoal. A partir do detalhamento da metodologia do OM, concluiu-se que se trata de uma ferramenta adequada para o acompanhamento e o controle dos gastos. Essa metodologia, além de permitir o acompanhamento sistemático dos gastos fixos, possibilita a comparação dos gastos da mesma natureza entre diversas áreas, o que viabiliza a troca de informações, bem como a aplicação de melhores práticas por toda a empresa, gerando, consequentemente, a otimização dos gastos fixos. A metodologia do OM permite ainda a identificação da área e do gasto que podem comprometer o controle dos resultados.

O modelo de orçamento matricial guarda sutil diferença em relação ao modelo de orçamento base zero. Adicionalmente, apresenta um desdobramento – o gerenciamento matricial de despesas – que você, leitor, verá a seguir.

Gerenciamento matricial de despesas (GMD)

É necessário habilitar as equipes da empresa para a obtenção e manutenção dos melhores resultados de desempenho nos processos pelos quais são responsáveis, nos aspectos qualidade, custo, prazo, segurança e meio ambiente. A definição da visão e das metas globais contribui para a busca do melhor caminho a seguir, de modo a garantir a sobrevivência e o crescimento da organização no longo prazo.

Os custos, as despesas e a margem de contribuição determinam o grau de competitividade das empresas. Os recursos, nem sempre abundantes, precisam ser aplicados para gerar o melhor resultado no menor espaço de tempo. Assim, a gestão e o controle tornam-se imprescindíveis para garantir uma vantagem competitiva nos mercados: identificar pontos de excelência e otimização permite atuar sobre os desperdícios, insuficiências e inconsistências dos processos, garantindo redução de custos sem destruição de valor.

Nesse contexto, o GMD pode ser uma importante ferramenta na busca por eficácia, competitividade e sobrevivência.

Atualmente, uma das grandes preocupações das organizações é a de fazer uma gestão eficiente dos gastos, para que os recursos disponíveis sejam bem-utilizados (evitando desperdícios) e, como consequência, seus ganhos aumentem. Para atender a essa demanda, há a necessidade de se utilizar uma ferramenta adequada, a qual procurará gerenciar as despesas de forma eficaz, pois tem como objetivo otimizar os gastos de modo a trazer benefícios para a organização.

O GMD não busca eliminar as despesas da empresa de forma absoluta, mas, por meio de uma análise detalhada dos gastos, identificar as oportunidades de economias onde elas realmente existem e estabelecer metas de redução específicas, além de fixar desafios compatíveis com o potencial de ganho. É um instrumento a ser implementado com a participação das equipes, pois através da união de esforços individuais é que obteremos a possibilidade de se alcançarem melhores resultados para a empresa.

No próximo tópico estudaremos as características do controle matricial.

Controle matricial

Nos procedimentos habituais, quando um executivo prepara o orçamento do departamento sob sua responsabilidade, ele age como se existisse apenas o seu centro de custo. Isso faz com que esse executivo repetidamente se submeta à tentação de inflacionar seus gastos, colocando-se em uma "zona de conforto", onde as metas propostas sejam fáceis de atingir. Quando generalizado, esse comportamento acaba por comprometer a remuneração dos acionistas, obrigando os responsáveis pela consolidação do orçamento a propor cortes nos gastos de forma a ajustar o orçamento aos seus objetivos (Sá e Moraes, 2005).

Além disso, no processo de orçamento funcional, o controle dos gastos é centralizado, o que cria um acúmulo de trabalho no setor de orçamento e ainda faz com que a ineficiência seja apenas detectada post factum e sua correção imposta ao chefe do centro de custo quase sem solução. Nessa metodologia, praticada pelo orçamento funcional, tanto na elaboração quanto no controle orçamentário o erro é corrigido em vez de evitado (Sá e Moraes, 2005).

Padoveze e Taranto (2009) afirmam que um controle matricial melhora o processo orçamentário. Esse controle propõe um exame detalhado dos gastos, com a definição de metas de redução específicas para cada gerência, comparando as melhores práticas. Adicionalmente, oferece desafios compatíveis com o potencial de economias em cada área e traz uma sistemática eficaz de acompanhamento e controle de gastos.

O controle matricial pode ser usado em organizações de qualquer porte e ambiente operacional. Todas as receitas (informações em linhas horizontais) devem ser classificadas em relação aos responsáveis por sua gestão (informações em colunas verticais), ao passo que todas as despesas (informação em linhas horizontais) devem ser classificadas para cada departamento (informação em colunas verticais). Daí a ideia da matriz de receitas e de despesas e, consequentemente, a visão matricial.

No controle matricial faz-se a elaboração do orçamento e, para um posterior acompanhamento do desempenho da empresa, é realizado o cruzamento do pacote (agrupamento de gastos e suas variáveis relacionadas, informados em linhas horizontais) com as entidades (nível gerencial ou funcional em que serão realizados os gastos, informados em colunas verticais) em uma matriz.

Nessa abordagem matricial, o gestor (funcional) de cada entidade (centro de custo, departamento, divisão, produto etc.) faz seu orçamento de gastos, os quais são agrupados em pacotes.

Paralelamente, são definidos outros gestores responsáveis por cada um dos pacotes de gastos. Isso significa que a empresa terá um gestor responsável pelo controle orçamentário de todos os gastos de cada entidade e outros gestores responsáveis pelos diferentes pacotes de gastos (Padoveze e Taranto, 2009). Você, leitor, a seguir, conhecerá as principais características do gerenciamento matricial.

Características

As principais características do gerenciamento matricial são: controle cruzado de despesas e receitas, linhas e colunas, gestor de linha, gestor de colunas, *double accountability* (dupla responsabilidade), possibilidade de conflitos, aplicabilidade personalizada e cultura orçamentária aberta a mudanças.

A essência do controle matricial é exatamente o controle cruzado das despesas e receitas, com a incorporação do gestor de linha (horizontal) na matriz das despesas e das receitas. Esse gestor será responsável, perante a empresa, pelo total de determinado gasto ou determinada receita (Padoveze e Taranto, 2009). Você, leitor, conhecerá os princípios do GMD no próximo item.

Princípios do GMD

Segundo Padoveze e Taranto (2009), o GMD é um instrumento gerencial utilizado para o planejamento e controle orçamentário anual, e sua implementação é baseada em três princípios:

- ❏ controle cruzado – significa que todos os gastos orçados devem ser acompanhados por duas pessoas: o gestor da entidade (funcional) e o gestor do pacote (despesa);

❏ desdobramento dos gastos – implica que, para cada definição de metas, todos os gastos devem ser detalhados até o nível de atividade e por unidade orçamentária;
❏ acompanhamento sistemático – institui uma dinâmica de acompanhamento dos resultados, comparando-os com as metas e definindo ações corretivas para os desvios.

Do ponto de vista do GMD, de acordo com Sá e Moraes (2005), os pacotes de gastos são grupos de despesas de uma mesma natureza que geralmente (mas nem sempre) são comuns a vários centros de custos. Listamos a seguir alguns exemplos de pacotes de despesas:

❏ serviços de apoio, compreendendo: materiais de escritório, limpeza, informática; manutenção de equipamentos; despesas com telefone, energia elétrica, aluguéis de equipamentos etc.;
❏ despesas de pessoal, compreendendo: folha de pagamento, rescisões, assistência médica, vale-transporte, seguro de vida em grupo, encargos etc.;
❏ despesas comerciais, compreendendo: comissões, royalties, cartazes e catálogos, serviços gráficos, programação visual, propaganda e publicidade, feiras e exposições etc.;
❏ despesas com veículos, compreendendo: combustíveis e lubrificantes, manutenção, IPVA, multas etc.;
❏ serviços de terceiros, compreendendo: advogados, consultorias, segurança patrimonial etc.

Já as entidades, segundo Sá e Moraes (2005), são unidades da estrutura organizacional (no caso do orçamento de receitas e gastos orçamentários) ou do projeto (no caso do orçamento de capital). Tais entidades devem ser desdobradas, de acordo com o organograma da empresa, em diretorias, gerências e centros de custos.

O objetivo de decompor as entidades em seus diferentes níveis é estabelecer uma clara definição gerencial pelo controle dos gastos. Assim, a entidade Diretoria Financeira, por exemplo, pode ser dividida em dois centros de custos – Tesouraria e Controladoria –, e cada um desses centros de custos em outros três, e assim por diante.

A ideia de ter sempre dois profissionais respondendo por um mesmo gasto traz inúmeras vantagens para a empresa, entre elas o fato de termos um especialista em determinado tipo de gastos – o gestor do pacote –, ao qual caberá:

- conhecer a natureza de cada classe de gasto sob sua responsabilidade;
- definir os parâmetros e índices de desempenho dos gastos sob sua responsabilidade na fase que antecede a elaboração orçamentária;
- negociar esses índices com os gerentes dos centros de custos e preparar junto com eles planos de ação objetivando alcançar tais índices;
- atuar como facilitador durante a elaboração dos orçamentos dos centros de custos;
- fazer o benchmarking interno entre os diversos centros de custos e divulgar entre eles as melhores práticas observadas;
- identificar eventuais desvios e preparar, juntamente com o gerente do centro de custo, um relatório de anomalia com propostas de ações corretivas.

Você, leitor, entenderá o controle orçamentário no GMD lendo o próximo item.

Controle orçamentário no GMD

O segredo do sucesso do GMD é o acompanhamento periódico dos gastos e a análise das causas dos desvios. Esse acompanhamento é feito por meio de três ferramentas: matriz de acompanhamento, gestão à vista e relatórios de anomalias.

A matriz de acompanhamento é um relatório que evidencia as metas acordadas, o resultado observado e os respectivos desvios. Para facilitar a visualização da situação de cada rubrica em relação à meta acordada, é utilizado um código de cores, denominado farol, cujos critérios são previamente estabelecidos.

Os gráficos de gestão à vista também representam uma ferramenta de acompanhamento visual em que estão evidenciados os resultados obtidos pelas diversas entidades. Devem ser exibidos em locais de fácil visualização para as pessoas envolvidas com aquelas entidades ou pacotes.

Os relatórios de anomalias são documentos elaborados pelos gestores de pacotes juntamente com os gerentes de entidades todas as vezes em que forem observados desvios em relação às metas acumuladas. Devem evidenciar a natureza dos desvios observados e as medidas corretivas adotadas. A seguir, apresentamos as vantagens e desvantagens sobre o modelo GMD.

Vantagens e desvantagens do GMD

De acordo com Padoveze e Taranto (2009:66), "como todo conceito de planejamento orçamentário, o gerenciamento matricial possui aspectos positivos e negativos". Baseados nesses autores listamos alguns dos aspectos apontados por diversos executivos como vantagens:

❑ como mais pessoas participam das decisões, o risco de erros pode ser menor;
❑ os executivos da subsidiária têm a oportunidade de conhecer a cultura de outros países;
❑ existe a possibilidade de aprender com mais de um chefe;
❑ é possível ter acesso aos recursos e às práticas da matriz.

Como desvantagens, temos que:

- é necessário lidar com chefes que têm cultura, ideias e personalidades difíceis;
- como mais pessoas participam das decisões, as aprovações são mais lentas e os projetos atrasam;
- mais poder na matriz significa menos poder para o presidente local;
- a subsidiária tende a ficar à margem das decisões importantes.

O objetivo do gerenciamento matricial é a redução dos gastos e o aumento das receitas. Como nesse modelo existem dois responsáveis pela prestação de contas, no caso da redução dos gastos pode haver um conflito se o gestor funcional (coluna vertical) quiser gastar mais do que o proposto pelo gestor de pacote (linha horizontal). Já no caso do aumento da receita, o conflito pode se instalar caso o gestor de linha entenda que é possível obter mais receitas do que o gestor de coluna espera.

Esses autores salientam ainda que o gerenciamento matricial deve ser aplicado apenas aos gastos e às receitas cujo valor seja relevante, não havendo necessidade de aplicar o GMD a todos os gastos e receitas. Isso contribuirá também para reduzir parte dos potenciais conflitos. A seguir, serão apresentadas considerações finais sobre o GMD.

Considerações finais sobre o modelo GMD

O GMD é um modelo orçamentário que tem como ênfase a redução de custos obtida por meio da análise da situação atual, identificação e utilização de melhores práticas.

Adicionalmente, o modelo proporciona diversos benefícios qualitativos para a organização, entre eles o conhecimento detalhado dos gastos, a avaliação do desempenho de cada área, o estabelecimento de metas justas e desafiadoras, a melhoria da qualidade da base de dados para a tomada de decisão, a implementação de melhorias no processo de gestão dos recursos e uma elaboração do orçamento de gastos que assegure o alcance de uma diretriz anual de redução de despesas.

O GMD é um modelo de planejamento e controle orçamentário aplicável a qualquer organização e tem como foco o controle de custos e desperdícios, objetivando o aumento do resultado da empresa, resumido nas características a seguir:

❑ envolve todo um processo de análise, revisão e avaliação das despesas propostas e não apenas das solicitações que ultrapassem o nível de gasto já existente;
❑ pode levar em consideração a base histórica, desde que submetida a crítica pelos parâmetros atuais;
❑ é um meio prático de os gestores empresariais procurarem oportunidades de melhoria;
❑ leva em consideração a situação atual e os fatores que a influenciam;
❑ propicia o conhecimento da real necessidade, da capacidade produtiva e do controle de gastos.

O gerenciamento matricial de despesas não trata simplesmente de cortar despesas de cada área, mas procura, por meio de uma análise detalhada de todos os gastos da empresa, identificar oportunidades e melhorar o aproveitamento dos recursos.

Veja, leitor, a seguir, a síntese do que neste capítulo foi apresentado:

❑ o OBZ é um modelo utilizado pelas organizações para a elaboração de orçamentos no qual são analisadas as premissas relacionadas com a função de cada despesa e as necessidades estratégicas das organizações;
❑ vantagens do OBZ: estimula o processo participativo dentro das organizações; traz benefícios resultantes do aproveitamento das ideias dos gestores, de modo que se obtém me-

lhores planos e práticas, alocação mais flexível e eficaz dos recursos atendendo às prioridades, além de identificação e eliminação de desperdícios; pode ser aplicado em qualquer organização, com ou sem fins lucrativos;
- desvantagem: a elaboração do OBZ é demorada, com inúmeros controles que consomem mais tempo do que os orçamentos tradicionais, em virtude da necessidade de criticar e justificar os gastos;
- principais características e objetivos da técnica OBZ: analisar o custo/benefício de todos os projetos, processos e atividades, partindo de uma base zero; focar objetivos e metas das unidades de negócio; chamar a atenção dos gestores para que se concentrem nas quantidades de recursos necessárias para cada atividade/empreendimento; assegurar a correta alocação de recursos necessários com informações detalhadas sobre risco e retorno; aprovar o nível de gastos após a elaboração; desenvolver o orçamento de forma participativa; fornecer subsídios decisórios inteligentes para a gestão; justificar todos os programas cada vez que se inicia um novo ciclo orçamentário e possibilitar a auditoria de desempenho;
- o processo de aplicação do OBZ compõe-se de cinco fases: preparação da base orçamentária e estabelecimento de metas e objetivos; realização da coleta de dados; identificação e avaliação detalhada das atividades, alternativas e custos para a realização dos planos; negociação do orçamento e determinação das opções; consolidação do orçamento e plano de operação;
- o principal objetivo da metodologia do OM é ser um instrumento para elaboração e controle do orçamento; implica avaliação detalhada dos gastos realizados, alocação de responsabilidades por pacotes de gastos e unidades administrativas, definição de oportunidades de ganhos e padronização das ações visando ao alcance das metas;

- o principal objetivo da elaboração do OM é fazer mais gastando menos no período orçado seguinte ao atual, sempre considerando a mesma satisfação do cliente e a remuneração ao acionista, refletindo preços competitivos e produtos e serviços diferenciados;
- a metodologia matricial tem como princípio o acompanhamento sistemático dos gastos, mediante reuniões para seu controle e acompanhamento mensal do resultado por meio de gestão à vista e auditorias de procedimentos;
- o acompanhamento dos gastos realizados *versus* o que foi orçado permite verificar a ocorrência de anomalias para a análise e tomada de ações corretivas, e deverá ser feito tempestiva e mensalmente;
- o gerenciamento matricial de despesas (GMD) pode ser uma importante ferramenta na busca por eficácia, competitividade e sobrevivência;
- o GMD não busca eliminar as despesas da empresa de forma absoluta, mas, por meio de uma análise detalhada dos gastos, identificar as oportunidades de economias onde elas realmente existem e estabelecer metas de redução específicas, além de fixar desafios compatíveis com o potencial de ganho;
- o GMD é um instrumento a ser implementado com a participação das equipes, pois através da união de esforços individuais é que obteremos a possibilidade de alcançar melhores resultados para a empresa;
- o controle matricial pode ser usado em organizações de qualquer porte e ambiente operacional;
- todas as receitas (informações em linhas horizontais) devem ser classificadas em relação aos responsáveis por sua gestão (informações em colunas verticais); todas as despesas (informações em linhas horizontais) devem ser classificadas para cada departamento (informações em colunas verticais);
- no controle matricial faz-se a elaboração do orçamento e, para um posterior acompanhamento do desempenho da

empresa, é realizado o cruzamento do pacote (agrupamento de gastos e suas variáveis relacionadas, informados em linhas horizontais) com as entidades (nível gerencial ou funcional em que serão realizados os gastos, informados em colunas verticais) em uma matriz;
- as principais características do gerenciamento matricial são: controle cruzado de despesas e receitas, linhas e colunas, gestor de linha, gestor de colunas; *double accountability* (dupla responsabilidade); possibilidade de conflitos; aplicabilidade personalizada e cultura orçamentária aberta a mudanças;
- vantagens do GM: como mais pessoas participam das decisões, o risco de erros pode ser menor; os executivos da subsidiária têm a oportunidade de conhecer a cultura de outros países; existe a possibilidade de aprender com mais de um chefe; é possível ter acesso aos recursos e às práticas da matriz;
- desvantagens do GM: é necessário lidar com chefes que têm cultura, ideias e personalidades difíceis; como mais pessoas participam das decisões, as aprovações são mais lentas e os projetos atrasam; mais poder na matriz significa menos poder para o presidente local; a subsidiária tende a ficar à margem das decisões importantes; o objetivo do gerenciamento matricial é a redução dos gastos e o aumento das receitas;
- princípios do GMD: controle cruzado; desdobramento dos gastos e acompanhamento sistemático;
- o controle orçamentário no GMD é feito por meio de três ferramentas: matriz de acompanhamento, gestão à vista e relatórios de anomalias.

No próximo capítulo, abordaremos outra tendência da gestão orçamentária: o modelo *beyond budgeting*.

3

Modelo beyond budgeting

Neste capítulo, leitor, você será apresentado à definição do modelo *beyond budgeting*, com o caso da empresa Borealis S/A (Bjorn, 2002) ilustrando a aplicação desse modelo; à comparação entre o modelo tradicional de orçamento e o modelo *beyond budgeting*; aos princípios que compõem o modelo *beyond budgeting* e à forma como transformar a empresa em uma organização *beyond budgeting* ou *beyond budgeting organization* (BBO).

Substituindo o antigo modelo pelo novo

Para Anthony e Govindarajan (2002), cada grandeza no orçamento é uma estimativa, isto é, a grandeza com mais probabilidade de acontecer. Para o planejamento, pode ser mais útil uma faixa de grandezas possíveis (otimista, provável e pessimista) obtida por modelos de cálculo de probabilidade (processo chamado de Monte Carlo), o que gera um trabalho considerável e raramente posto em prática. Além disso, apesar de as técnicas matemáticas e os computadores aperfeiçoarem o processo de elaboração do orçamento, segundo esses autores, isso não resolve os críticos problemas de controle orçamentário ligados ao comportamento humano.

Hope e Fraser (2003) questionam a validade do modelo de planejamento e controle, há muito tempo utilizado pelas empresas. Afirmam que esse modelo tradicional de orçamentação reforça e perpetua os processos de gestão inflexíveis e centralizadores e incentiva os gestores a manipularem seus planos orçamentários, assim como sua execução, adiando ou antecipando a realização de eventos tendo em vista as metas orçamentárias. Citam os casos da WorldCom, Enron e do Barings Bank como exemplos do fracasso do processo orçamentário rígido. Sugerem que as empresas se abstenham de praticar tal modelo de orçamentação, substituindo-o pelo que chamam de *beyond budgeting*, que estabelece metas relativas e não fixas, descentraliza o processo decisório e estimula as equipes a assumirem riscos e focarem na criação de valor.

Frezatti (2005), analisando essa proposta de gestão flexível, sem a existência de um orçamento anual nas empresas, e comparando-a com o modelo orçamentário dito tradicional, conclui que as limitações deste último não devem ensejar sua eliminação, mas sim seu aperfeiçoamento. Registra que, em geral, as situações problemáticas ocorrem devido à má utilização do instrumento e que as soluções propostas por Hope e Fraser (2003) passam por recomendações já tratadas por autores clássicos. O autor sugere ainda que a operacionalização da abordagem flexível com o uso do instrumento orçamentário pode compatibilizar mais facilmente as necessidades da organização sem criar novos riscos.

Horngren, Foster e Datar (2000) asseveram que orçamento é uma disciplina em transição, para a qual surgem continuamente novas propostas. Dão como exemplo o fato de os defensores de mudanças no processo orçamentário tradicional condenarem a confiança excessiva na extrapolação de tendências históricas e os cortes percentuais fixos e lineares aos orçamentos com resultados inaceitáveis, entre outras críticas. Propõem que se vincule o orçamento explicitamente à estratégia da empresa e que se efetivem reduções de gastos com base em análises das atividades desenvolvidas.

Conceito, características e aplicações do modelo *beyond budgeting* serão discutidos nos próximos tópicos.

Modelo beyond budgeting

O modelo de orçamento tradicional funcionou bem enquanto as condições de mercado eram estáveis, os concorrentes conhecidos e suas ações previsíveis, e poucas pessoas tomavam decisões. Os preços refletiam os custos internos, a estratégia e o ciclo de vida dos produtos eram longos, os clientes tinham escolha limitada e a prioridade dos acionistas era serem bons passageiros em um voo com pouca ou nenhuma turbulência.

Hoje, a todo o momento vemos mudanças nos produtos e fornecedores, nos processos de produção, nas leis governamentais e na oscilação das moedas. Assim, torna-se inviável o orçamento prever as mudanças e as variações quando o momento de sua elaboração dista seis meses ou até um ano da realidade futura.

Além desses fatores, os modelos centralizados de poder para decidir sobre a fixação de objetivos para o ano seguinte também impactam o aspecto comportamental das equipes. Observa-se que as decisões sobre a fixação de objetivos restringem-se a um pequeno grupo de executivos de alto poder, o qual não dá oportunidade a outros setores e demais gerentes, que estão à frente das dificuldades e problemas, de participarem de tais decisões antes de elas serem fixadas no orçamento, podendo levar ao distanciamento dos clientes.

Nesses ambientes turbulentos e de mudanças em que vivemos atualmente, as empresas precisam se utilizar de ferramentas mais dinâmicas do que planos fixos. Essa abordagem exige uma gestão mais descentralizada e flexível, agilizando a reação das empresas aos contínuos desafios do mercado.

A maior parte das organizações desenvolve um modelo de gestão orçamentária incremental, chamado por alguns de tradicional, através do planejamento orçamentário anual, que estabelece um contrato fixo de desempenho, que impõe que as equipes atinjam metas determinadas com bastante antecedência. Uma nova ideia começa a ganhar espaço: a de que a visão da companhia vá além (do orçamento).

Pesquisas mostram que a maioria das empresas está insatisfeita com o planejamento orçamentário anual, pois ele é demorado, caro, falho em agregar valor, fica cada vez mais distante do ambiente competitivo das empresas e estimula um comportamento individual que não raro trabalha contra os objetivos gerais da empresa.

A demanda por inovações, aliada às constantes mudanças de cenários e à alta competitividade, exige que os modelos de gestão e, por consequência, também os de gestão orçamentária, adaptem-se a esse novo contexto mais ágil e dinâmico.

Nesse novo contexto, há um cenário no qual as incertezas estão cada vez mais presentes e o modelo orçamentário tradicional, comumente associado a metas fixas, torna-se pouco flexível e pode engessar alguns atos dos gestores.

Adicionalmente, o conhecimento dos funcionários deve ser considerado um importante capital (intelectual), visto como relevante para o desenvolvimento das empresas e como grande fonte de riqueza. Os funcionários adquirem sabedoria ao longo da vivência e dentro de seu trabalho; esses conhecimentos requerem tempo para serem formados e agregados às organizações. Assim, pode-se dizer que o cenário em que as empresas atuam hoje é marcado pela informação, numa arena com poderosos competidores.

Você, leitor, será apresentado ao modelo denominado *beyond budgeting*, que propõe que as organizações avancem além do orçamento, adotando um conjunto de princípios que impacta o modelo de gestão como um todo, baseado na flexibilização de processos e na descentralização da gestão, além de um ambiente autogerenciado de trabalho agregado a uma cultura de responsabilidade.

Conceito

A gestão baseada em orçamentos iniciou-se, portanto, com a Revolução Industrial, quando as indústrias trabalhavam visando, primeiramente, produzir bens em grande quantidade para, posteriormente, vendê-los. Atualmente, o modelo de produção ocorre sob demanda e num mercado de grande concorrência e mudanças rápidas.

Transformar o potencial de desempenho da empresa, quebrando a armadilha do desempenho fixado para o ano seguinte e liberando todo o poder para as pessoas da linha de frente com as ferramentas disponíveis, compõe um mosaico que formará uma nova visão. Para isso, é necessário que se mudem alguns paradigmas visando a assimilação de uma nova ideia.

Assim, o *beyond budgeting* se apresenta como um modelo de gestão estratégica que proporciona maior velocidade nas respostas exigidas, agilidade e adaptabilidade do processo decisório, apoiando a inovação, a ética e mantendo o foco nos clientes.

A seguir serão apresentados seus objetivos.

Objetivos

O modelo *beyond budgeting* foi concebido para organizações que precisam ser flexíveis e ter alta capacidade de adaptação, oferecendo aos gestores autoconfiança e liberdade para pensar diferente, tomar decisões rápidas, envolvendo-os em projetos inovadores com equipes multifuncionais, dentro e fora da empresa, tornando a organização cada vez mais competitiva e trazendo resultados e benefícios a seus acionistas.

Apresentaremos no próximo tópico um breve histórico do modelo *beyond budgeting*.

Breve histórico

Percebe-se no decorrer dos tempos que o orçamento tradicional foi agregando práticas e tendo seus procedimentos adaptados para acompanhar a evolução constante das organizações. Veja, leitor, no capítulo 2 deste livro, outros modelos abordados, como o OBZ, o OM e o GMD. Esses modelos retratam uma evolução que atende às necessidades de informação e controle interno dos gerentes sem, no entanto, enfocar tanto a complexidade do ambiente externo.

O *beyond budgeting* surgiu no ano de 1998, em Londres, como resposta à crescente insatisfação (e até frustração) com os modelos orçamentários. Esse movimento de empresas que questionavam o sistema de fixação de metas foi auxiliado por um grupo de pesquisadores que buscou um modelo orçamentário mais flexível e adaptável às rápidas alterações. Desse movimento nasceu uma comunidade ora intitulada Beyond Budgeting Round Table (BBRT), que tinha como principais diretores o contador Jeremy Hope e o consultor Robin Fraser.

Para apresentação dos fundamentos do modelo *beyond budgeting*, iniciaremos pela ilustração, a partir de um caso real: o caso da empresa Borealis, que será a seguir apresentado.

Apresentação de caso

A Borealis pôde testemunhar o quanto um novo modelo está apresentando bons resultados e serve como um estudo de caso e demonstração de como é possível abandonar o modelo tradicional de orçamento e buscar um novo modelo de gestão para a empresa.

Essa empresa tem seu escritório central em Copenhague, Dinamarca. É resultado da fusão, ocorrida em 1994, entre as divisões petroquímicas de duas companhias escandinavas de petróleo: Statoil, da Noruega, e Neste Oy, da Finlândia. A Borealis tem operações na Áustria, Bélgica, Finlândia, França, Alemanha, Noruega, Suécia e em Portugal. Sua capacidade de produção está avaliada em 3.340 quilotons/ano. É a maior produtora de polímeros da Europa e a quinta maior do mundo. Seus produtos são usados na fabricação de muitos outros, de fraldas a painéis de instrumentos de automóveis. Suas vendas estão ao redor de três bilhões de euros ao ano, com o total de 5.400 empregados.

Uma pergunta preocupava seus executivos: conseguiriam gerir a Borealis considerando a magnitude da empresa?

No limiar da fusão, em 1994, os executivos disseram que tinham uma oportunidade única para criar uma empresa inteiramente nova, diferente e melhor, e uma maneira inteiramente nova de gerir um grande avanço em relação à concorrência existente. A meta era ser capaz de responder mais rapidamente à situação cíclica em que viviam os seus negócios e às mudanças contínuas no negócio de plásticos.

Utilizando o benchmarking para atingir o objetivo

É necessário atingir um alto nível de desempenho nos principais indicadores de desempenho (*key performance indicators* – KPI) do negócio. Portanto, existem conjuntos de referência para benchmarking interno e externo, baseados nas metas almejadas no médio prazo. Em alguns casos, são revisados por um conjunto de executivos que desencadeiam os negócios. Em outros, são baseados em indicadores de desempenho de classe mundial, que capacitam as unidades para o conjunto de objetivos em uma trajetória que os levará para um nível superior da faixa existente no setor em que a empresa opera. Eles usam os objetivos para estabelecer uma estrutura para a estratégia. Importa realçar que esses objetivos não são fixados para o ano.

Recompensando pessoas

A avaliação de desempenho é realizada da seguinte forma: benchmarkings internos e externos contra seus pares. A empresa abandonou a recompensa local, porém passou a recompensar um grupo com a participação nos lucros, cujo método de cálculo é baseado na fórmula relacionada ao desempenho competitivo obtido pela empresa. O maior benefício é que todos os casos têm tido uma redução dos jogos comportamentais (games administrativos e orçamentários nos quais fingimos que orçamos enquanto alguém finge que aprova), com nenhum contrato de desempenho fixado para o ano seguinte.

Gerenciando o plano de ação

Revisa-se o cenário frequentemente. O cenário de curto prazo, composto pelo período de cinco a oito trimestres à frente, é reavaliado a cada trimestre, com objetivos e metas a realizar em curto e médio prazos. As responsabilidades por essas revisões são devolvidas para as equipes de unidades de negócios; em alguns casos, para as equipes de linha de frente. O papel desse grupo de executivos é traçar os objetivos estratégicos e as metas de médio prazo e, assim, desafiar os planos e as iniciativas que os gerentes propõem para assegurar suas principais premissas. Esse processo não leva mais que poucas semanas para a definição do cenário de médio prazo e poucos dias para o cenário de curto prazo. Ferramentas úteis, como o *rolling forecast*, o *balanced scorecard* e atividades de suporte contábil foram utilizadas para a revisão dos desempenhos da Borealis. Os benefícios iniciais dessa abordagem são respostas rápidas, com foco na realização das metas estratégicas e satisfação das necessidades dos clientes.

Gerenciando recursos baseados no modelo beyond budgeting

Os recursos são disponibilizados e acessíveis para as equipes de linha de frente e, quando requeridos, devem ser adquiridos por meio de um processo rápido de aprovação, com acesso mais rápido aos recursos operacionais. Deve-se ter uma equipe de alto nível para gerenciar os recursos, com revisões trimestrais. Essa equipe gerenciará os recursos operacionais por meio de um conjunto de linhas mestras baseadas nos KPIs, tais como a relação custo/receita, dentro da qual os gerentes poderão operar. Eles têm autonomia no uso dos recursos, através de indicadores e metas, e devolvem as decisões sobre os recursos às equipes de frente, o que tem o efeito de torná-los mais responsáveis pelas decisões sobre o destino dos recursos. Isso realça a possibilidade de criar grandes proprietários e líderes com menos desperdício.

Coordenando ações por meio do beyond budgeting

As ações e os planos são coordenados por meio de reuniões mensais e não por meio de um plano central. É um processo de gestão que busca atender às exigências e necessidades dos clientes. Isso pode variar de negociação das solicitações individualizadas para uma gestão que considere o ciclo de encomendas dos clientes. A chave para a mudança é que a unidade operacional atua tanto no fornecedor como no cliente, identificando as necessidades que devem ser satisfeitas. Dessa forma, a organização deve atuar como um sistema integrado, buscando uma estratégia comum em vez de partes dispersas. Também encoraja a cooperação e o foco em prover o cliente externo com um excelente serviço ou produto.

Mensurando e controlando desempenhos por meio do beyond budgeting

Na Borealis, os gerentes se declararam mais conscientes do que quando tinham um orçamento para comparar os desempenhos, em que existiam indicadores fixados que os direcionavam a atingi-los. Neste modelo, são utilizados medidas e controles focando a atenção gerencial na antecipação do futuro, além da explicação do que estava errado no passado. A principal característica inclui uma comparação com benchmarkings externos, tabelas de indicadores e *rolling forecasts*.

Este relato sobre os procedimentos que a Borealis passou a adotar permitirá que o leitor os compare com as ideias que inspiram um novo modelo de gestão orçamentária, cuja descrição vem a seguir.

Processo de gestão de desempenho baseado no beyond budgeting

É um processo de gestão baseado em contrato de desempenho relativo, que vai muito além dos objetivos fixados em determinada época do ano. A diferença é que a ênfase em desempenho tem mudado de contratos de curto prazo negociados internamente para o benchmarking externo de KPIs de médio prazo. Isso, na essência, demonstra como as organizações têm ido além do orçamento, quebrando paradigmas da armadilha do desempenho fixado para o ano seguinte.

Quando os líderes fazem uma transição bem-sucedida para o processo flexível e adaptável, enxergam a real oportunidade de uma descentralização radical de desempenho com a responsabilidade para as pessoas de linha de frente.

Enquanto o processo flexível e adaptável oferece as perspectivas de economia de custos, menos jogos comportamentais entre os gestores, respostas mais rápidas, melhor alinhamento estratégico e maior utilidade das pessoas, a descentralização oferece mais – abandona a burocracia causadora de problemas e o processo orçamentário fixo que a suporta.

A (pressuposta) delegação na tomada de decisão e de autoridade tem sido sempre função-chave do orçamento tradicional. Entretanto, essa delegação está estritamente associada a um regime de obediência e controle. Difere significantemente da abordagem conduzida por organizações como a Borealis. Essa organização foi além do "de cima para baixo" (*top-down*) e transferiu o poder do centro para os gerentes operacionais e suas equipes (*bottom-up*), combinando a autoridade para usar seus julgamentos com as iniciativas para efetivar os resultados, sem serem restringidos por algum plano específico ou acordo prefixado. Assim, a devolução de responsabilidade recai sobre a capacidade e encorajamento para decisões locais, não ditadas e dirigidas aos gerentes operacionais.

Desenvolvendo o modelo beyond budgeting

Segundo Pflaeging (2009), o *beyond budgeting* foi desenvolvido para implementar uma forma mais descentralizada de gestão. Em vez da tradicional hierarquia e liderança centralizada, o modelo permite que a tomada de decisão e o comprometimento de desempenho sejam devolvidos para gerentes operacionais num ambiente autogerenciado de trabalho e com uma cultura de responsabilidade.

Esse modelo está fundamentado no abandono do orçamento dito tradicional, largamente usado por inúmeras organizações em todo o mundo. Esse modelo tradicional de gestão e seu processo orçamentário apresentam como principais características uma hierarquia centralizada e os contratos fixos de desempenho (Pflaeging, 2009).

A opção por uma descentralização radical provê uma vantagem competitiva distinta no ambiente competitivo, visto que:

❑ os acionistas exigem melhores classes de desempenho;
❑ as pessoas talentosas estão cada vez mais raras;
❑ o ciclo de vida dos produtos está ficando menor;
❑ a competição global está direcionando para a queda de preço e o aumento da qualidade;
❑ a lealdade dos clientes está cada vez mais instável.

Quando se fundem as duas oportunidades do *beyond budgeting*, que são o desempenho flexível e a descentralização radical, uma coerente alternativa para o abandono do modelo de orçamento tradicional passa a ser oferecida. Além disso, é dada à pessoa da linha de frente uma voz mais estratégica, capacitando-a a se reconectar às propostas da organização e às metas estratégicas.

O quadro a seguir compara o modelo de orçamento tradicional e o modelo *beyond budgeting*.

Quadro
COMPARATIVO ENTRE O MODELO DE ORÇAMENTO TRADICIONAL E O MODELO BEYOND BUDGETING

Elementos comparativos entre os modelos orçamentários		
Descrição	Modelo de orçamento tradicional	Modelo beyond budgeting
Objetivos	São fixados anualmente.	Não são fixados, mas continuamente monitorados com relação a um ponto dado como referência, preferencialmente, externo. Esse ponto é negociado com um grupo de gerentes.

Continua

Elementos comparativos entre os modelos orçamentários			
Descrição	Modelo de orçamento tradicional	Modelo beyond budgeting
Recompensa, bônus	Os executivos as recebem desde que se adaptem aos níveis do objetivo-alvo.	Confiança sobre o recebimento de recompensas existe com base na avaliação do grupo de gerentes, os quais as analisam de acordo com a abordagem do que deve ser feito.
Planos	Objetivos fixados (contratos fixados) são relacionados com os planos.	Existe a confiança de que nenhuma ação pode ser demandada com vista ao alcance dos objetivos de meio-termo, aceitos nos princípios de governança e parâmetros estratégicos da organização.
Recursos	Serão disponibilizados após serem previamente aprovados pelo processo orçamentário anual.	Existe a confiança de que os recursos serão fornecidos quando necessários.
Coordenação	As atividades serão coordenadas com outros gerentes de plano, de acordo com os planos aceitos ou que foram relacionados por um nível superior.	A confiança é delegada para o gerente coordenar as atividades com base em acordos periódicos e em demandas do cliente.
Controles	O desempenho é monitorado mensalmente e qualquer variação significativa deverá ser revisada. A previsão será demandada todo trimestre.	Existe a confiança de que a previsão seja baseada na alternativa mais provável, de tal forma que a interferência somente ocorra se a tendência dos índices estiver fora de certos parâmetros.

Fonte: Beyond Budgeting Round Table – BBRT (2001).

A forma como a comunidade Beyond Budgeting Round Table (BBRT) está organizada ao redor do mundo é assunto do próximo tópico.

Comunidade Beyond Budgeting Round Table (BBRT)

É uma rede facilitadora para organizações que estão avaliando, implementando e agregando valor ao modelo de gestão *beyond budgeting* (Pflaeging, 2009). Foi fundada na Inglaterra em janeiro de 1998 como resposta à crescente insatisfação, e até mesmo frustração, com o planejamento orçamentário praticado até então. Atua internacionalmente em vários países, incluindo França, Alemanha, Suíça, Inglaterra e EUA, nos quais possui empresas que a ela se associaram, transformando-se em *beyond budgeting organizations* (BBOs).

Segundo Pflaeging (2009), a BBRT está desenvolvendo e guiando a implementação de um modelo emergente e coerente de gerenciamento de desempenho para o século XXI através da condução de pesquisas baseadas em estudos de casos práticos de empresas de sucesso. Desde sua fundação, mais de 90 organizações têm participado da BBRT ou adotaram seus princípios, entre as quais se destacam como pioneiras o banco suíço Handelsbanken e a petroquímica dinamarquesa Borealis. Também as empresas Volvo, SKF e Boots, entre outras, pertencem à BBRT. As empresas Ericsson, Scania e a Tetrapak adotaram o modelo, apesar de não fazerem parte da comunidade de empresas que o discutem por meio da BBRT.

Outras organizações no mundo, tais como Google, Unilever, Dell, Toyota, Southwet Airlines, Valmet, Deutsche Bank, Texas Instruments, American Express, Time Warner Telecom, UBS, Ernst & Young, Egon Zehnder, Nukor, KPMG, Hyperion, SKF, Softlab, Banco Mundial, Promom, IBM Services Cognos, Mastercard, Siemens e, no Brasil, a Datasul (empresas do grupo VCP), Fiat, Semco, Promom e Rhodia utilizam o modelo ou parte dos princípios que o compõem. Há outras que praticam alguns dos seus conceitos, ainda que inconscientemente.

Podemos observar que são empresas com ambientes variados, culturas organizacionais diferentes e portes distintos. O que será que as une? Elas procuraram repensar seu modelo de gestão e optaram pela proposta *beyond budgeting*.

As empresas associadas à BBRT podem acessar todo o conjunto de informações exclusivas das experiências realizadas pelas empresas pertencentes à "comunidade BBRT" (expressão nossa), passando a ter direito de participar das mesas redondas que acontecem no mínimo três vezes ao ano em diferentes regiões do mundo, inclusive no Brasil.

Leitor, a seguir você será apresentado aos princípios que norteiam o modelo *beyond budgeting*.

Princípios que norteiam o modelo beyond budgeting

São 12 os princípios que noreiam o modelo *beyond budgeting*, divididos em dois grupos: os seis primeiros abrangem regras de liderança (devolução), enquanto os demais se referem a gerenciamento e desempenho (processo de gestão).

Os seis princípios de liderança (devolução) baseiam-se na descentralização de poder, e estão listados a seguir:

- governança – divulga e esclarece os princípios e valores numa espécie de *framework* sem obstrução de limites, diferentemente de uma postura de comando e controle central, por meio de regras e procedimentos. Assim, os líderes devem gerenciar equipes através de princípios claros, com o propósito de compartilhar valores e trabalhar visando à melhor orientação e apoio;
- organização focada em clientes – organiza uma rede interdependente de unidades orientadas para o cliente e não para uma hierarquia de funções e departamentos, produzindo um ambiente de alto desempenho, baseado no sucesso relativo e não no sucesso absoluto (meta fixa);
- responsabilidade de prestação de contas – faz com que as pessoas se responsabilizem pelos números na busca de resultados competitivos, atendam às necessidades dos clientes como foco principal, visando à melhoria dos relacionamentos, sem pressões por metas de dentro para fora,

- *empowerment* – concede liberdade às pessoas, capacita-as e autoriza-as a agir, sem manter controle rígido e restrições sobre elas. As equipes empenham-se na busca de resultados competitivos com autonomia e responsabilidade sobre si mesmas;
- coordenação – concatena interações cruzadas na empresa por meio de tendências, de forma dinâmica, através de mecanismos de mercado e não de ciclos anuais e centralizados de planejamento, orçamento e controle, em que há reuniões ritualísticas com objetivos funcionais;
- liderança – desafia e treina as pessoas, sem apenas comandá-las e controlá-las, disponibilizando as informações de forma transparente (gestão à vista), visando facilitar o aprendizado, a disseminação do conhecimento e buscando encorajar comportamentos éticos (reduzindo as manipulações).

Os seis princípios de gerenciamento do desempenho e gestão baseiam-se na flexibilização de processos e são os seguintes:

- conjunto de metas – foca, continuamente, a concorrência (meta relativa) e o benchmarking, desprezando o orçamento (meta fixa). As metas devem ser estabelecidas com base na concorrência, por meio de benchmarkings. As equipes devem perseguir um objetivo macro, buscando a excelência dentro e fora da empresa, adotando metas práticas relacionadas com melhorias globais, desconectadas da avaliação de desempenho e das premiações individualizadas;
- processo estratégico – faz com que a estratégia seja um processo contínuo e participativo, constantemente alinhado à empresa. Descarta a abordagem orçamentária como um evento anual, imposto de cima para baixo;
- sistemas de previsão – usa sistemas de previsão para informar a estratégia, e não correções de curto prazo para manter-se no caminho;

- utilização de recursos – adota previsões dinâmicas, como os *rolling forecasts*, e providencia recursos conforme demanda e ad hoc, reduzindo perdas e desperdícios, em vez de alocar recursos por meio de orçamentos preparados vários meses antes;
- mensuração e controle – providências rápidas e informações claras, concisas e abertas para vários níveis de controle. Sistemas com conceitos *enterprise resource planning* (ERP) permitem o gerenciamento das informações e evitam a manipulação de dados;
- motivação e recompensa – as recompensas devem estar alinhadas com o progresso de toda a empresa, em metas compartilhadas, que relacionem o desempenho competitivo que a empresa está obtendo, e não em metas negociadas e fixadas antecipadamente.

A seguir, apresentaremos as vantagens de transformar uma empresa em uma BBO.

Transformando a empresa em uma organização beyond budgeting ou beyond budgeting organization (BBO)

As organizações BBO são ótimos lugares para se trabalhar, fazer negócios e investir; têm objetivos claros de aumentar o recurso do acionista no longo prazo e operam com estruturas simples e hierarquias planas, nas quais as equipes podem acessar as mesmas informações integradas e em tempo real.

Suas equipes da linha de frente são confiáveis para analisar, interpretar a informação (que é totalmente transparente) e tomar decisões. Não há burocracia de controle de gestão. Todos se esforçam para melhorar seu desempenho e satisfazer os clientes com menos custo e menos desperdício. A prestação de contas e as recompensas são compartilhadas em toda a organização. Todos estão no mesmo barco e indo na mesma direção.

Muitos líderes iniciam essa jornada relativa à mudança sem uma direção clara, tendo a certeza de que precisam chegar a algum lugar, mas, muitas vezes, perdem-se no meio do caminho em vez de atingirem o destino desejado. Isso porque a maioria das organizações é fortemente ligada a comando e controle em lugar de autorregulação.

Para ir além do orçamento, um modelo de gestão envolve altos níveis de confiança e responsabilidade. Isso significa delegar maior responsabilidade pela estratégia, planejamento, decisão e controle para as equipes de linha de frente. É a velha cultura inflexível de administração, com base em orçamentos, sendo substituída por uma nova cultura de responsabilidade e melhoria contínua.

Veja, leitor, a seguir, as considerações finais sobre o modelo *beyond budgeting*.

Considerações finais sobre o modelo beyond budgeting

Enquanto a maioria dos executivos da alta administração quer que suas empresas sejam mais adaptáveis, poucos sabem como mudar a retórica da gestão dentro da realidade operacional da empresa.

Como são apresentadas no orçamento tradicional, as estratégias fixadas impedem respostas rápidas; estruturas organizacionais rígidas engessam os gerentes que buscam desafios e desenvolvimento; burocracias sufocam as inovações, entrincheiram as funções e minam os processos de funções cruzadas; a ênfase no produto funciona de forma contrária aos programas de lealdade dos clientes; contratos de desempenho de curto prazo falham em suportar a criação de valores no longo prazo. Nem os milhões gastos todos os anos em reengenharia, formação de equipes, sistemas para toda a empresa, gestão de relacionamento com o cliente, gestão baseada em valores e *balanced scorecard* (BSC) parecem solucionar esses problemas existentes, pois precisam de um novo conceito para integrá-los e aprimorá-los.

Ainda hoje, muitas empresas desconhecem seus próprios potenciais de inteligência, existindo um abismo entre o discurso e a prática que acaba se tornando inimigo da gestão. Muitas organizações hoje reconhecem que são rígidas, burocráticas e complexas e não conseguem responder eficientemente ao mercado. A crítica ao orçamento tradicional decorre também de o mesmo possuir origem na coerção e de ser altamente focado na redução de custos e não na criação de valor.

Em grande parte, esses problemas têm origem em sistemas de gerenciamento que limitam ações e sufocam iniciativas. O modelo de gestão orçamentária precisa se adequar aos novos tempos, pois o dinamismo dos mercados e a complexidade das organizações assim o exigem.

Beyond budgeting é a forma de repensar como gerenciar organizações em todo o mundo pós-industrial, em que os modelos de gestão inovadores representam uma vantagem competitiva e sustentável.

Embora possa parecer uma posição radical, na realidade é apenas a decisiva ação numa batalha que há muito tempo propõe mudar organizações de hierarquias centralizadas para redes descentralizadas. Muitas outras peças dessa reforma já estão em uso: investimentos em redes de tecnologia da informação (TI), reengenharia de processos, *economic value added* (EVA), *balanced scorecard* (BSC) e gestão por atividade. Todavia, essas ferramentas são incapazes de estabelecer a nova ordem, porque o orçamento e a cultura de comando e controle que ele sustenta seguem sendo predominantes.

O processo orçamentário está evoluindo e se adaptando às exigências do mercado como importante ferramenta para a gestão estratégica e econômica dos negócios. Aprimora-se e transforma-se numa filosofia de gestão empresarial, mais do que apenas gestão orçamentária, surgindo o *beyond budgeting*, que o atualiza em seus conceitos para a realidade atual.

Os modelos orçamentários costumam usar as metas para servir de referência e posterior avaliação de desempenho. O modelo *beyond budgeting* propõe que isso pode atrapalhar os negócios, pois os gestores procuram negociar metas (e/ou manipular sua execução), comprometendo essa avaliação de desempenho.

A proposta de modelo de gestão apresentada pelo *beyond budgeting* mostra princípios coerentes, fundamentados na devolução da liderança e no comprometimento de desempenho dos gestores, e surge como uma solução aos problemas do orçamento tradicional, que representa um entrave ao potencial de desempenho da empresa.

Contudo, é bastante difícil para uma organização quebrar todos os paradigmas constituídos em torno do orçamento e abandoná-los abruptamente, pois isso envolve crenças e valores bastante consolidados. Acabar com o orçamento para uma organização que traçou sua missão, metas e objetivos com base nessa ferramenta não é tarefa fácil, devido à quebra de paradigmas organizacionais.

A transferência do poder e da capacidade de decisão do centro da organização para as pessoas da linha de frente, como é proposto pelo *beyond budgeting*, pode oferecer resultados positivos para as organizações, uma vez que simplifica, agiliza e proporciona melhor adaptabilidade no processo decisório. Isso porque são as pessoas que estão em constante sintonia com as mutações do mercado.

Você, leitor, pode notar que, comparado com o modelo tradicional, o *beyond budgeting* se apresenta como uma maneira mais adaptativa de gestão, uma vez que, em vez de fixar planos anuais que acabam impondo uma série de ações predeterminadas, permite que as metas sejam revisadas com frequência e baseadas em objetivos elásticos, simplificados, analisadas através do desempenho em comparação a benchmarks de excelência, pares e competidores. Isso proporciona agilidade de resposta, inovação contínua, custos baixos, clientes leais e rentáveis, excelência operacional, desempenho sustentável, *reporting* ético e satisfação dos acionistas.

Assim, para considerar o uso desse novo modelo nas empresas, ainda que em parte, é importante considerar alguns princípios sugeridos por ele e aperfeiçoar os pontos críticos do orçamento, a fim de que essa gestão caminhe sem comprometer os negócios empresariais.

Os problemas que o *beyond budgeting* aborda não são novos, e muito menos ignorados pelos autores clássicos, pois já eram comentados e esperados por estes. No entanto, trazem à tona questões muito importantes e até hoje largamente discutidas no meio empresarial, no qual para cada empresa existe um conceito que se adapta melhor do que outros.

Em suma, não existe uma resposta única, pois dependendo da estrutura, da cultura, dos costumes, das políticas e do mercado onde cada empresa está inserida, uma combinação diferente desses modelos de gestão orçamentária pode contribuir para o sucesso.

Sintetizamos a seguir, leitor, o que neste capítulo foi apresentado:

❑ o modelo *beyond budgeting* propõe que as organizações avancem além do orçamento, adotando um conjunto de princípios que impacta o modelo de gestão como um todo, baseado na flexibilização de processos e na descentralização da gestão, além de propor um ambiente autogerenciado de trabalho agregado a uma cultura de responsabilidade;
❑ esse modelo foi concebido para organizações que precisam ser flexíveis e ter alta capacidade de adaptação, oferecendo

aos gestores autoconfiança e liberdade para pensar diferente, tomar decisões rápidas, envolvendo-os em projetos inovadores com equipes multifuncionais, dentro e fora da empresa, tornando a organização cada vez mais competitiva e trazendo resultados e benefícios a seus acionistas;
- os recursos são disponibilizados e acessíveis para as equipes de linha de frente e, quando requeridos, devem ser adquiridos por meio de um processo rápido de aprovação, com acesso mais rápido aos recursos operacionais;
- o processo de gestão de desempenho do modelo *beyond budgeting* é baseado em contrato de desempenho relativo, que vai muito além dos objetivos fixados em determinada época do ano; a diferença é que a ênfase em desempenho tem mudado de contratos de curto prazo, negociados internamente, para o benchmarking externo de KPIs de médio prazo;
- enquanto o processo flexível e adaptável oferece as perspectivas de economia de custos, menos jogos comportamentais entre os gestores, respostas mais rápidas, melhor alinhamento estratégico e maior utilidade das pessoas, a descentralização oferece mais – abandona a burocracia causadora de problemas e o processo orçamentário fixo que a suporta;
- o *beyond budgeting* foi desenvolvido para implementar uma forma mais descentralizada de gestão. Em vez da tradicional hierarquia e liderança centralizada, o modelo permite que a tomada de decisão e o comprometimento de desempenho sejam devolvidos para gerentes operacionais, num ambiente autogerenciado de trabalho e com uma cultura de responsabilidade;
- a comunidade Beyond Budgeting Round Table (BBRT) é uma rede facilitadora para organizações que estão avaliando, implementando e agregando valor ao modelo de gestão *beyond budgeting*. Atua em vários países, incluindo França, Alemanha, Suíça, Inglaterra e EUA, nos quais possui empresas que

a ela se associaram, transformando-se em *beyond budgeting organizations* (BBOs);
- os seis princípios de liderança (devolução) que se baseiam na descentralização de poder são: governança, organização focada em clientes, responsabilidade de prestação de contas, *empowerment*, coordenação e liderança;
- os seis princípios de gerenciamento do desempenho e gestão que se baseiam na flexibilização de processos são: conjunto de metas, processo estratégico, sistemas de previsão, utilização de recursos, mensuração e controle, motivação e recompensa;
- as organizações BBO se apresentam como ótimos lugares para se trabalhar, fazer negócios e investir, têm objetivos claros de aumentar o recurso do acionista no longo prazo e operam com estruturas simples e hierarquias planas, nas quais as equipes podem acessar as mesmas informações integradas e em tempo real.

No próximo capítulo, abordaremos o orçamento operacional e o orçamento financeiro.

4

Orçamento operacional e orçamento financeiro

Neste capítulo, leitor, apresentamos o processo de elaboração do orçamento geral, que pode ser subdividido em duas etapas básicas: orçamento operacional e orçamento financeiro. O orçamento operacional contempla o orçamento de vendas, o orçamento de produção e o orçamento de despesas. O orçamento financeiro consolida o fluxo da operação da empresa e pode ser subdividido em demonstrativo de resultado do exercício (DRE) projetado, orçamento de caixa e balanço patrimonial projetado.

Apresentação de caso

Para elucidar o processo orçamentário, utilizaremos o caso ilustrativo da Indústria Têxtil Leopoldina Ltda. como forma de acompanhar a preparação de todos os orçamentos parciais.

A Indústria Têxtil Leopoldina Ltda. produz três tamanhos de colchas: de casal, de solteiro e de criança. As vendas se concentram em três estados: São Paulo, Rio de Janeiro e Minas Gerais. A matéria-prima é comprada no Nordeste (algodão) e São Paulo (tinta). A Divisão de Colchas está iniciando seu orçamento para o próximo ano de 20XX, e a estimativa de vendas por produto e outras informações relevantes são apresentadas a seguir.

Vendas estimadas para o ano de 20X1: a Indústria Têxtil Leopoldina Ltda. prevê um aumento de 10% no volume de vendas para 20X1 e projeta a venda do primeiro trimestre de acordo com o histórico de vendas observado em 20X0. Os preços previstos são: colcha de casal R$ 200,00, colcha de solteiro R$ 170,00 e colcha de criança R$ 100,00. A previsão mensal de vendas (em unidades) está apresentada na tabela 7.

Tabela 7
PREVISÃO MENSAL DE VENDAS DA INDÚSTRIA TÊXTIL LEOPOLDINA LTDA.

Produto \ Mês	Janeiro	Fevereiro	Março	Abril	Maio	Janeiro-março
Colcha de casal	570	500	600	650	580	1.670
Colcha de solteiro	760	600	800	850	750	2.160
Colcha de criança	850	700	900	950	850	2.450

Política de recebimento: as vendas realizadas são recebidas com pagamentos 60% à vista e 40% em 30 dias.

Para se produzir as colchas de casal, solteiro e criança são necessários os insumos apresentados na tabela 8.

Tabela 8
INSUMOS PARA PRODUÇÃO DAS COLCHAS DE CASAL, SOLTEIRO E CRIANÇA – INDÚSTRIA TÊXTIL LEOPOLDINA LTDA.

Produtos \ Insumos	Algodão especial (kg)	Algodão longo (kg)	Tinta (gal)	Mão de obra (h)
Colcha de casal	2,0	1,5	2	5
Colcha de solteiro	1,5	1,0	1	4
Colcha de criança	1,0	0,5	0,5	3

O algodão especial é adquirido a R$ 30,00/kg, o algodão longo a R$ 20,00/kg, a tinta a R$10,00/gal e a mão de obra custa R$ 2,00/h.

As políticas de compras e estoques são apresentadas a seguir:

- compras: os materiais diretos são comprados mensalmente, de acordo com a necessidade de produção e a política de estoque da empresa. O pagamento é efetuado 60% à vista e 40% no mês seguinte ao da compra;
- estoque de materiais diretos: a Indústria Têxtil Leopoldina Ltda. mantém estoque de materiais correspondente a 15 dias de produção do mês seguinte. O estoque inicial de materiais diretos para o ano de 20X1 é: algodão especial = 1.300 kg, algodão longo = 875 kg e tinta = 975 galões;
- estoque de produtos acabados: a política da empresa para o ano de 20X1 é manter um estoque mínimo referente às vendas do mês seguinte. Assim, o estoque inicial de colchas é: colcha de casal = 570 unidades, colcha de solteiro = 760 unidades e colcha de criança = 850 unidades.

Os custos mensais indiretos de fabricação são rateados com base nas horas de mão de obra direta e totalizam: R$ 70 mil em janeiro, R$ 89 mil em fevereiro e R$ 94,6 mil em março. A tabela 9 mostra como esses custos estão distribuídos.

Tabela 9
DISTRIBUIÇÃO DOS CUSTOS INDIRETOS DE FABRICAÇÃO – INDÚSTRIA TÊXTIL LEOPOLDINA LTDA.

Orçamento de custos indiretos de fabricação (R$)			
Custos indiretos	Janeiro	Fevereiro	Março
Suprimentos	7.800,00	9.800,00	9.800,00
Mão de obra indireta	14.200,00	20.200,00	20.200,00

Continua

Orçamento de custos indiretos de fabricação (R$)			
Custos indiretos	Janeiro	Fevereiro	Março
Encargos sociais	7.500,00	10.500,00	10.500,00
Energia	19.000,00	24.000,00	29.600,00
Manutenção	6.000,00	9.000,00	9.000,00
Depreciação	12.000,00	12.000,00	12.000,00
Impostos	2.000,00	2.000,00	2.000,00
Seguros	1.500,00	1.500,00	1.500,00
Total	70.000,00	89.000,00	94.600,00

As despesas administrativas e de vendas, demonstradas na tabela 10, totalizam: R$ 44 mil em janeiro e R$ 43 mil em fevereiro e março (mesmo valor nos dois meses). A despesa variável de vendas prevista é a comissão dos vendedores e está estipulada em 2% do faturamento.

Tabela 10
Demonstração das despesas administrativas e de vendas – Indústria Têxtil Leopoldina Ltda.

Orçamento das despesas administrativas e de vendas (R$)			
	Janeiro	Fevereiro	Março
Despesas de vendas			
Comissão dos vendedores	6.564,00	5.440,00	5.286,00
Publicidade	5.000,00	5.000,00	5.000,00
Salário fixo dos vendedores	6.000,00	6.000,00	6.000,00
Despesas de viagens	1.436,00	1.560,00	1.714,00
Total	**19.000,00**	**18.000,00**	**18.000,00**
Despesas administrativas			
Suprimentos	1.000,00	1.000,00	1.000,00

Continua

Orçamento das despesas administrativas e de vendas (R$)			
	Janeiro	Fevereiro	Março
Salário do pessoal	4.000,00	4.000,00	4.000,00
Salário dos executivos	16.000,00	16.000,00	16.000,00
Diversos	4.000,00	4.000,00	4.000,00
Total	25.000,00	25.000,00	25.000,00
Total de despesas administrativas e de vendas	44.000,00	43.000,00	43.000,00

A empresa quer ter um saldo mínimo de caixa de R$ 20 mil ao final de cada mês. O dinheiro necessário para financiar a demanda de caixa pode ser tomado emprestado, mas deverá ser pago em múltiplos de R$ 1.000,00 à taxa de 12% a.a. A administração deseja: tomar emprestado somente o capital necessário para cobrir o saldo mínimo de caixa que se deseja e que os pagamentos sejam feitos de acordo com a disponibilidade de caixa; presumir que os empréstimos ocorram no início de cada mês e os pagamentos no fim dos meses; que os juros sejam calculados e pagos junto com o pagamento principal ou respectivas parcelas desse montante.

A alíquota do imposto de renda e contribuição social sobre o lucro é de 30% sobre o lucro líquido apurados mensalmente e pagos no mês seguinte (a elaborar separadamente).

Leitor, no próximo tópico veja como planejar o orçamento de vendas.

Orçamento de vendas

O orçamento de vendas é o ponto de partida para a elaboração do orçamento empresarial. A partir daí são desenvolvidas as demais peças orçamentárias, ou seja, ao se determinar o que será vendido, é possível planejar todos os recursos necessários para o atendimento dessas vendas.

A produção, níveis de estoque, compras, despesas operacionais, recebimentos, pagamentos, orçamento de caixa e o orçamento de demonstrativo de resultados são determinados a partir do nível das atividades de vendas.

A qualidade do orçamento da empresa está atrelada à qualidade das previsões de vendas efetuadas. Se as vendas forem superestimadas, os orçamentos de produção serão estimados em volume acima das reais necessidades da empresa; se as vendas forem subestimadas, a empresa se preparará para uma produção abaixo de suas reais necessidades, perdendo oportunidades de negócios e lucro.

O orçamento de vendas geralmente é feito com a participação do pessoal da área de vendas. Para se realizar a previsão de vendas, diversos métodos podem ser utilizados, embora nenhum deles seja absolutamente superior aos demais. Todos apresentam vantagens e desvantagens, e a escolha de um ou mais métodos está condicionada às características da empresa, dos produtos comercializados e dos tipos de clientes, entre outros fatores.

Continuando com o exemplo da Indústria Têxtil Leopoldina Ltda., a tabela 11 apresenta o orçamento de vendas utilizado pela empresa.

Tabela 11
ORÇAMENTO DE VENDAS DA INDÚSTRIA TÊXTIL LEOPOLDINA LTDA.

Orçamento de vendas			
Item	Janeiro	Fevereiro	Março
Colcha de casal (Preço unitário = R$ 200,00)	570	500	600
Receita colcha de casal (R$)	114.000,00	100.000,00	120.000,00
Colcha de solteiro (Preço unitário = R$ 170,00)	760	600	800
Receita colcha de solteiro (R$)	129.200,00	102.000,00	136.000,000

Continua

Orçamento de vendas			
Item	Janeiro	Fevereiro	Março
Colcha de criança (Preço unitário = R$ 100,00)	850	700	900
Receita colcha de criança (R$)	85.000,00	70.000,00	90.000,00
Receita total	328.200,00	272.000,00	346.000,00

O orçamento das vendas será detalhado a seguir, incluindo a política de recebimento das mesmas.

Recebimento de vendas

De acordo com a política de vendas da empresa (as vendas realizadas são recebidas com pagamentos 60% à vista e 40% em 30 dias), os recebimentos referentes às vendas ocorrerão conforme mostra a tabela 12.

Tabela 12
ORÇAMENTO DE RECEBIMENTO SOBRE AS VENDAS DA INDÚSTRIA TÊXTIL LEOPOLDINA LTDA.

Orçamento de recebimento sobre as vendas (R$)					
Vendas de		Recebimentos em			
Mês	Valor	Janeiro	Fevereiro	Março	Abril (a receber)
Dezembro	232.700,00	93.080,00			
Janeiro	328.200,00	196.920,00	131.280,00		
Fevereiro	272.000,00		163.200,00	108.800,00	
Março	346.000,00			207.600,00	138.400,00
Total recebido em		290.000,00	294.480,00	316.400,00	138.400,00

A seguir, apresentaremos o orçamento de produção.

Orçamento de produção

O orçamento de produção possui como objetivo assegurar que as quantidades a serem produzidas durante o período do planejamento sejam as necessárias para atender às vendas previstas.

As quantidades a serem produzidas em empresas industriais são determinadas com base no volume de vendas, na política de estoques, na capacidade operacional e financeira da empresa, na sazonalidade das vendas, nas compras de insumos, na capacidade de estocagem, entre outros fatores.

A partir do orçamento da produção, é possível elaborar os orçamentos de matérias-primas, mão de obra direta e custos indiretos de fabricação (gastos gerais de fabricação).

A utilidade do orçamento de produção (tabela 13) se prende ao levantamento de todas as necessidades e problemas com que a administração da fábrica se defrontará no período considerado.

Tabela 13
ORÇAMENTO DE PRODUÇÃO DA INDÚSTRIA TÊXTIL LEOPOLDINA LTDA.

Orçamento de produção (unidades)				
	Janeiro	Fevereiro	Março	Abril
Colcha de casal				
Vendas	570	500	600	650
+ Estoque final	500	600	650	580
− Estoque inicial	570	500	600	650
Unidades a produzir	500	600	650	580
Colcha de solteiro				
Vendas	760	600	800	840
+ Estoque final	600	800	840	750
− Estoque inicial	760	600	800	840
Unidades a produzir	600	800	840	750

Continua

Orçamento de produção (unidades)				
	Janeiro	Fevereiro	Março	Abril
Colcha de criança				
Vendas	850	700	900	950
+ Estoque final	700	900	950	850
– Estoque inicial	850	700	900	950
Unidades a produzir	700	900	950	850

O orçamento de matéria-prima ou materiais diretos constitui fator crítico para muitas organizações fabris e será, portanto, objeto de discussão no próximo tópico.

Orçamento de matéria-prima ou materiais diretos

As matérias-primas ou materiais diretos consistem nos componentes que serão agregados aos produtos acabados e farão parte dos mesmos. Os demais materiais utilizados na produção, desde que não sejam agregados aos produtos, são classificados como custos indiretos de fabricação (gastos gerais de fabricação).

Para assegurar a disponibilidade de materiais nas quantidades necessárias no período devido e para planejar seus custos é essencial que, no orçamento de materiais diretos, sejam incluídos: orçamento de consumo dos materiais, orçamento de compra e pagamento de materiais e orçamento de custo dos materiais utilizados na produção. Tais orçamentos devem contemplar fielmente as necessidades de produção de uma empresa. Portanto, será nesse contexto que os próximos tópicos serão tratados.

Orçamento de consumo dos materiais

O orçamento do consumo dos materiais é elaborado a partir do orçamento de produção, em quantidade e valor monetário baseados na quantidade a ser produzida e em dados relativos à utilização dos materiais em cada produto. Os padrões de engenharia utilizados nesse orçamento serão úteis para o controle da produção.

A quantidade de materiais a serem utilizados será obtida pela multiplicação da quantidade prevista de utilização em cada produto pelo volume de produção, conforme mostra a tabela 14.

Tabela 14
ORÇAMENTO DO CONSUMO DE MATÉRIAS-PRIMAS DE JANEIRO A ABRIL –
INDÚSTRIA TÊXTIL LEOPOLDINA LTDA.

Orçamento do consumo de matérias-primas (janeiro)			
Produtos/insumos (un)	Algodão especial (kg)	Algodão longo (kg)	Tinta (gal)
Colcha de casal – 500	1.000	750	1.000
Colcha de solteiro – 600	900	600	600
Colcha de criança – 700	700	350	350
Total	2.600	1.700	1.950

Orçamento do consumo de matérias-primas (fevereiro)			
Produtos/insumos (un)	Algodão especial (kg)	Algodão longo (kg)	Tinta (gal)
Colcha de casal – 600	1.200	900	1.200
Colcha de solteiro – 800	1.200	800	800
Colcha de criança – 900	900	450	450
Total	3.300	2.150	2.450

Orçamento do consumo de matérias-primas (março)			
Produtos/insumos (un)	Algodão especial (kg)	Algodão longo (kg)	Tinta (gal)
Colcha de casal – 650	1.300	975	1.300
Colcha de solteiro – 840	1.260	840	840
Colcha de criança – 950	950	475	475
Total	3.510	2.290	2.615

Continua

Orçamento do consumo de matérias-primas (abril)			
Produtos/insumos (un)	Algodão especial (kg)	Algodão longo (kg)	Tinta (gal)
Colcha de casal – 580	1.160	870	1.160
Colcha de solteiro – 750	1.125	750	750
Colcha de criança – 850	850	425	425
Total	3.135	2.045	2.335

Veja, leitor, a seguir, como elaborar um orçamento de compra e como fazer o pagamento dos materiais.

Orçamento de compra e pagamento dos materiais

O orçamento de compra depende da necessidade de consumo na produção e da política de estoques da empresa. Na sua elaboração, devem ser consideradas as conveniências de compras em termos de preços, prazos de entrega, política de estocagem, lote econômico, além de informações sobre qualidade, desperdícios etc.

As informações relativas ao custo da compra, prazos de recebimentos e pagamentos das mercadorias serão utilizadas também no orçamento de fluxo de caixa e na determinação da necessidade de capital de giro, conforme mostra a tabela 15.

Tabela 15
ORÇAMENTO DE COMPRA DE MATÉRIAS-PRIMAS – INDÚSTRIA TÊXTIL LEOPOLDINA LTDA.

Orçamento de compra de matérias-primas (janeiro)			
	Algodão especial (kg)	Algodão longo (kg)	Tinta (gal)
Unidades requisitadas	2.600	1.700	1.950
+ Estoque final	1.650	1.075	1.225
– Estoque inicial	1.300	875	975

Continua

Orçamento de compra de matérias-primas (janeiro)			
	Algodão especial (kg)	Algodão longo (kg)	Tinta (gal)
= Unidades a adquirir	2.950	1.900	2.200
Preço unitário (R$)	30,00	20,00	10,00
Custo da compra (R$) = 148.500,00	88.500,00	38.000,00	22.000,00

Orçamento de compra de matérias-primas (fevereiro)			
	Algodão especial (kg)	Algodão longo (kg)	Tinta (gal)
Unidades requisitadas	3.300	2.150	2.450
+ Estoque final	1.575	1.145	1.307,50
– Estoque inicial	1.650	1.075	1.225
= Unidades a adquirir	3.225	2.200	2.532,50
Preço unitário (R$)	30,00	20,00	10,00
Custo da compra (R$) = 166.075,00	96.750,00	44.000,00	25.325,00

Orçamento de compra de matérias-primas (março)			
	Algodão especial (kg)	Algodão longo (kg)	Tinta (gal)
Unidades requisitadas	3.150	2.290	2.615
+ Estoque final	1.567,50	1.022,50	1.167,50
– Estoque inicial	1.575	1.145	1.307,50
= Unidades a adquirir	3.142,50	2.167,50	2.025
Preço unitário (R$)	30,00	20,00	10,00
Custo da compra (R$) = 158.875,00	94.275,00	43.350,00	20.250,00

O pagamento dos materiais comprados mensalmente é efetuado com pagamento 60% à vista e 40% no mês seguinte à compra (tabela 16).

Tabela 16
ORÇAMENTO DE PAGAMENTO AOS FORNECEDORES – INDÚSTRIA TÊXTIL LEOPOLDINA LTDA.

Orçamento de pagamento aos fornecedores (R$)				
	Janeiro	Fevereiro	Março	Abril (a pagar)
Fornecedores – Dezembro	66.600,00			
Compras – Janeiro (148.500,00)	59.400,00	89.100,00		
Compras – Fevereiro (166.075,00)		66.430,00	99.645,00	
Compras – Março (158.875,00)			63.550,00	95.325,00
Total	126.000,00	155.530,00	163.195,00	95.325,00

No próximo tópico estudaremos o orçamento do custo dos materiais utilizados na produção.

Orçamento do custo dos materiais utilizados na produção

O custo dos materiais a serem utilizados na produção será calculado utilizando-se a quantidade consumida, e seu preço será relevante para o cálculo dos custos dos produtos vendidos (tabela 17).

Tabela 17
ORÇAMENTO DO CUSTO DAS MATÉRIAS-PRIMAS – INDÚSTRIA TÊXTIL LEOPOLDINA LTDA.

Orçamento do custo das matérias-primas (janeiro)			
	Quantidade	Preço (R$)	Total (R$)
Algodão especial	2.600	30,00	78.000,00
Algodão longo	1.700	20,00	34.000,00

Continua

Orçamento do custo das matérias-primas (janeiro)			
	Quantidade	Preço (R$)	Total (R$)
Tinta	1.950	10,00	19.500,00
Total			131.500,00

Orçamento do custo das matérias-primas (fevereiro)			
	Quantidade	Preço (R$)	Total (R$)
Algodão especial	3.300	30,00	99.000,00
Algodão longo	2.150	20,00	43.000,00
Tinta	2.450	10,00	24.500,00
Total			166.500,00

Orçamento do custo das matérias-primas (março)			
	Quantidade	Preço (R$)	Total (R$)
Algodão especial	3.510	30,00	105.300,00
Algodão longo	2.290	20,00	45.800,00
Tinta	2.615	10,00	26.150,00
Total			177.250,00

A seguir, leitor, apresentaremos o orçamento de mão de obra direta.

Orçamento de mão de obra direta

O orçamento de mão de obra direta é realizado considerando o tempo-padrão de horas necessárias para a produção, definido pela engenharia. A elaboração desse orçamento abrange estimativas das necessidades de mão de obra direta para a fabricação dos tipos e as quantidades dos produtos previstos no plano de produção. Possibilita à empresa prever a mão de obra direta necessária ao processo produtivo, estimar o custo da mão de obra nos produtos fabricados, informar ao setor de recursos humanos as necessidades de mão de obra, obter padrões de eficiência no uso da mão de obra direta, entre outros. Na tabela 18, detalhamos a forma de composição do orçamento de mão de obra direta.

Tabela 18
ORÇAMENTO DE MÃO DE OBRA DIRETA – INDÚSTRIA TÊXTIL LEOPOLDINA LTDA.

Orçamento de mão de obra direta (janeiro)				
	Unidades a produzir	Horas/ unidade	Horas totais	Custo (R$)
Colcha de casal	500	5	2.500	5.000,00
Colcha de solteiro	600	4	2.400	4.800,00
Colcha de criança	700	3	2.100	4.200,00
Total			7.000	14.000,00

Orçamento de mão de obra direta (fevereiro)				
	Unidades a produzir	Horas/ unidade	Horas totais	Custo (R$)
Colcha de casal	600	5	3.000	6.000,00
Colcha de solteiro	800	4	3.200	6.400,00
Colcha de criança	900	3	2.700	5.400,00
Total			8.900	17.800,00

Orçamento de mão de obra direta (março)				
	Unidades a produzir	Horas/ unidade	Horas totais	Custo (R$)
Colcha de casal	650	5	3.250	6.500,00
Colcha de solteiro	840	4	3.360	6.720,00
Colcha de criança	950	3	2.850	5.700,00
Total			9.460	18.920,00

Além dos custos diretos projetados, a todos os produtos são atribuídos também custos indiretos projetados. Tão importantes quanto os custos diretos, os custos indiretos costumam representar uma parcela significativa do custo final dos produtos, fato este que será devidamente detalhado nos próximos tópicos.

Orçamento dos custos indiretos de fabricação (CIF)

Os custos indiretos de fabricação se referem aos custos dos itens utilizados na produção, exceto os custos de matéria-prima ou mão de obra direta. São gastos relativos aos departamentos e seções da fábrica, tais como materiais indiretos, mão de obra indireta, energia elétrica, depreciação, materiais de escritório, manutenção, serviços de terceiros, entre outros. Os custos são atribuídos aos produtos, na maioria das vezes, por critérios de rateio preestabelecidos; possuem diferentes denominações e, entre as mais comuns, encontramos: carga da fábrica, custos indiretos de produção, gastos gerais de fabricação e despesas indiretas de produção. A tabela 19 mostra o orçamento de custos indiretos de fabricação.

Tabela 19
ORÇAMENTO DE CUSTOS INDIRETOS DE FABRICAÇÃO – INDÚSTRIA TÊXTIL LEOPOLDINA LTDA.

| Orçamento de custos indiretos de fabricação (CIF) ||||
Item	Janeiro (R$)	Fevereiro (R$)	Março (R$)
Suprimentos	7.800,00	9.800,00	9.800,00
Mão de obra indireta	14.200,00	20.200,00	20.200,00
Encargos sociais	7.500,00	10.500,00	10.500,00
Energia	19.000,00	24.000,00	29.600,00
Manutenção	6.000,00	9.000,00	9.000,00
Depreciação	12.000,00	12.000,00	12.000,00
Impostos	2.000,00	2.000,00	2.000,00

Continua

| Orçamento de custos indiretos de fabricação (CIF) ||||
Item	Janeiro (R$)	Fevereiro (R$)	Março (R$)
Seguros	1.500,00	1.500,00	1.500,00
Total	70.000,00	89.000,00	94.600,00
Horas de mão de obra	7.000	8.900	9.460
Taxa de rateio dos CIF	R$ 70.000,00 ÷ 7.000h = R$10,00/h	R$ 89.000,00 ÷ 8.900h = R$10,00/h	R$94.600,00 ÷ 9.460h = R$10,00/h

Veremos, leitor, no próximo tópico, um detalhamento completo do cálculo do custo unitário, custo dos produtos vendidos e estoque final de matérias-primas e produtos acabados.

Cálculo do custo unitário, custo dos produtos vendidos e estoque final de matérias-primas e produtos acabados

Cálculo do custo unitário

Para calcular o custo unitário (tabela 20), utilizamos o consumo dos materiais, a mão de obra e seus respectivos preços. O custo indireto de fabricação teve seu valor rateado com base nas horas de mão de obra utilizadas na fabricação.

Tabela 20
CÁLCULO DO CUSTO UNITÁRIO POR PRODUTO – INDÚSTRIA TÊXTIL LEOPOLDINA LTDA.

Cálculo do custo unitário (R$)				
Produto	Materiais	Mão de obra	Custos indiretos	Custo unitário
Colcha de casal	110,00	10,00	50,00	170,00
Colcha de solteiro	75,00	8,00	40,00	123,00
Colcha de criança	45,00	6,00	30,00	81,00

A seguir, apresentaremos o custo dos produtos vendidos.

Custo dos produtos vendidos

O orçamento do custo dos produtos vendidos é obtido a partir do custo de produção no período, e seu cálculo é traduzido pela multiplicação da quantidade vendida pelo custo, conforme demonstra a tabela 21.

Tabela 21
ORÇAMENTO DO CUSTO DOS PRODUTOS VENDIDOS – INDÚSTRIA TÊXTIL LEOPOLDINA LTDA.

Orçamento do custo dos produtos vendidos (janeiro)			
Produto	Unidades	Preço (R$)	Total (R$)
Colcha de casal	570	170,00	96.900,00
Colcha de solteiro	760	123,00	93.480,00
Colcha de criança	850	81,00	68.850,00
Total			259.230,00

Orçamento do custo dos produtos vendidos (fevereiro)			
Produto	Unidades	Preço (R$)	Total (R$)
Colcha de casal	500	170,00	85.000,00
Colcha de solteiro	600	123,00	73.800,00
Colcha de criança	700	81,00	56.700,00
Total			215.500,00

Orçamento do custo dos produtos vendidos (março)			
Produto	Unidades	Preço (R$)	Total (R$)
Colcha de casal	600	170,00	102.000,00
Colcha de solteiro	800	123,00	98.400,00
Colcha de criança	900	81,00	72.900,00
Total			273.300,00

Leitor, no próximo tópico, você verá os fatores a serem considerados no estoque final de matérias-primas e produtos acabados.

Estoque final de matérias-primas e produtos acabados

Para o orçamento de estoque final de matérias-primas e produtos acabados, a empresa deve considerar alguns fatores, tais como taxa de crescimento de vendas, existência ou não de sazonalidade, capacidade financeira ou de crédito, estoque mínimo de segurança etc. No exemplo estudado, a Indústria Têxtil Leopoldina Ltda. deseja manter um estoque de matérias-primas para 15 dias de produção e de produtos acabados para 30 dias de vendas, conforme mostra a tabela 22.

Tabela 22
ORÇAMENTO DE ESTOQUE FINAL DE MATÉRIAS-PRIMAS E PRODUTOS ACABADOS – INDÚSTRIA TÊXTIL LEOPOLDINA LTDA.

Orçamento de estoque final de matérias-primas e produtos acabados			
Itens	Unidades	Custo unitário (R$)	Total (R$)
Matérias-primas			
Algodão especial (kg)	1.567,50	30,00	47.025,00
Algodão longo (kg)	1.022,50	20,00	20.450,00
Tinta (gal)	1.167,50	10,00	11.675,00
Total			79.150,00
Produtos acabados			
Colcha de casal	650	170,00	110.500,00
Colcha de solteiro	850	123,00	104.550,00
Colcha de criança	950	81,00	76.950,00
Total			292.000,00

Aplicados os custos diretos e indiretos aos produtos, devemos, no processo de composição orçamentária, considerar todas as despesas operacionais que possam impactar o resultado. Assim, faremos nos próximos tópicos uma análise detalhada de tais despesas.

Orçamentos de despesas operacionais

O orçamento de despesas operacionais contempla despesas administrativas e despesas de vendas e marketing, explicadas a seguir.

Despesas administrativas

As despesas administrativas correspondem a todos os gastos necessários à gestão da operação da empresa. Normalmente, são apropriadas separadamente para cada unidade administrativa da empresa. A finalidade de manter as despesas separadas por departamentos, seções ou divisões é atribuir a cada dirigente a autoridade e a responsabilidade por seus gastos e, principalmente, por seus objetivos e metas.

A quantidade de detalhes do orçamento de despesas administrativas (tabela 23) depende da importância delas e das exigências da administração. Um ponto importante, contudo, é levar em conta que a administração vai decidir o nível da atividade administrativa e que a apresentação deve proporcionar as informações necessárias para uma decisão inteligente.

Tabela 23
ORÇAMENTO DAS DESPESAS ADMINISTRATIVAS –
INDÚSTRIA TÊXTIL LEOPOLDINA LTDA.

Orçamento das despesas administrativas (R$)			
Gasto	Janeiro	Fevereiro	Março
Suprimentos	1.000,00	1.000,00	1.000,00
Salário do pessoal	4.000,00	4.000,00	4.000,00
Salário dos executivos	16.000,00	16.000,00	16.000,00
Diversos	4.000,00	4.000,00	4.000,00
Total de despesas administrativas	25.000,00	25.000,00	25.000,00

A seguir, detalharemos as despesas de vendas e marketing.

Despesas de vendas e marketing

As despesas de vendas e marketing (tabela 24) compreendem os gastos realizados com a venda, distribuição e armazenagem. Incluem os gastos com salário fixo e comissão dos vendedores, encargos sociais, propaganda/publicidade, despesas com viagens, material de escritório, pessoal administrativo interno de vendas, depreciação de veículos, combustíveis e seguros.

Tabela 24
ORÇAMENTO DAS DESPESAS DE VENDAS E MARKETING – INDÚSTRIA
TÊXTIL LEOPOLDINA LTDA.

Orçamento das despesas de vendas e marketing (R$)			
Gasto	Janeiro	Fevereiro	Março
Comissão dos vendedores	6.564,00	5.440,00	5.286,00
Publicidade/propaganda	5.000,00	5.000,00	5.000,00
Salário fixo dos vendedores	6.000,00	6.000,00	6.000,00
Despesas com viagens	1.436,00	1.560,00	1.714,00
Total de despesas de vendas	19.000,00	18.000,00	18.000,00

As atividades de marketing são mais heterogêneas em sua natureza do que as administrativas. O executivo de marketing deve levar em consideração a necessidade de recursos para atingir a meta de vendas da empresa.

A seguir, leitor, você será apresentado ao orçamento de investimentos.

Orçamentos de investimentos

O orçamento de investimentos em ativo permanente está em diversas empresas ligado ao seu plano estratégico e se realiza ao longo do tempo, de acordo com o plano de investimentos já aprovado.

Normalmente, o orçamento de investimentos impacta a rentabilidade e lucratividade da empresa em vários exercícios e, por vezes, representa valores vultosos envolvidos.

Os investimentos podem ser classificados, conforme a natureza da atividade exercida na empresa, em: investimentos para manutenção do nível de atividade, investimentos para aumento da capacidade produtiva e investimentos na função social da empresa.

Voltando ao exemplo mencionado anteriormente, em janeiro de 20X1 a Indústria Leopoldina Ltda. deu continuidade ao seu programa de investimentos na reestruturação de sua fábrica com a compra de novos equipamentos para aprimoramento do processo produtivo. Tais equipamentos custaram R$ 1,4 milhão, a ser pago durante os próximos 100 meses, a partir de março, com pagamentos mensais de R$ 14 mil.

O demonstrativo de resultado do exercício (DRE) projetado constitui uma das mais importantes demonstrações contábeis para evidenciar e avaliar a capacidade de uma empresa na obtenção de eficiência operacional pela utilização adequada dos recursos. Nesse contexto, abordaremos a seguir seus principais aspectos e características.

Demonstrativo de resultado do exercício (DRE) projetado

A demonstração projetada do resultado do exercício possibilita a projeção do resultado econômico da empresa para o período planejado. Sua elaboração se dá a partir de orçamentos operacionais, tais como orçamento de vendas, orçamento de produção e orçamento das despesas operacionais e financeiras. Esse demonstrativo também possibilita aos executivos estimar resultados futuros, em virtude de montagem dos demais orçamentos, considerando diferentes alternativas para custos e despesas.

A projeção do demonstrativo do resultado do exercício (DRE) projetado (tabela 25) reúne todas as receitas e despesas geradas em cada fase do processo orçamentário e permite à empresa uma previsão do resultado a ser alcançado.

Tabela 25
DEMONSTRATIVO DE RESULTADO DO EXERCÍCIO (DRE) PROJETADO – INDÚSTRIA TÊXTIL LEOPOLDINA LTDA.

Demonstração do resultado do exercício (DRE) projetado (R$)			
Item	Janeiro	Fevereiro	Março
Vendas	328.200,00	272.000,00	346.000,00
– Custo dos produtos vendidos	259.230,00	215.500,00	273.300,00
Lucro bruto	68.970,00	56.500,00	72.700,00
– Despesas de vendas e marketing	19.000,00	18.000,00	18.000,00
– Despesas administrativas	25.000,00	25.000,00	25.000,00
Lucro antes do IR e da contribuição social sobre o lucro (CSLL)	24.970,00	13.500,00	29.700,00
– IR e CSLL	7.491,00	4.050,00	8.910,00
Lucro líquido	17.479,00	9.450,00	20.790,00

É considerado, no processo orçamentário, o demonstrativo mais importante para o gestor no processo de tomada de decisão, uma vez que informa qual a disponibilidade financeira da empresa para a realização de investimentos, pagamento de despesas ou simplesmente para a realização de reservas para ações futuras. No tópico a seguir, faremos um detalhamento do orçamento de caixa.

Orçamento de caixa

O orçamento de caixa é preparado após a elaboração dos demais orçamentos devido à sua dependência das informações neles contidas. Seu objetivo é garantir recursos financeiros suficientes para atender às necessidades da operação da empresa.

O orçamento de caixa auxilia a empresa a se equilibrar financeiramente, pois identifica com antecedência os excessos e as deficiências de caixa, o que pode levá-la a se programar em termos de busca antecipada de empréstimos, planos de investimentos etc.

Para a elaboração do orçamento de caixa (tabela 26), é necessário dispor dos dados da operação da empresa, tais como receita de vendas, prazos de recebimentos das vendas, despesas com compras de suprimentos, com mão de obra, dados de investimentos e prazos de pagamentos para cada item.

Finalmente, o balanço patrimonial projetado tem por função a consolidação das informações projetadas nos demonstrativos anteriores e principalmente o detalhamento de toda a variação patrimonial ocorrida em função das projeções orçamentárias realizadas. Veremos, a seguir, suas características e composição.

Tabela 26
Orçamento de caixa para o período de janeiro a março – Indústria Têxtil Leopoldina Ltda.

	Orçamento de caixa (R$)		
Item	Janeiro	Fevereiro	Março
Saldo inicial (saldo inicial dado)	15.000,00	50.000,00	45.659,00
Recebimentos (tabela 12)	290.000,00	294.480,00	316.400,00
Total	**305.000,00**	**344.480,00**	**362.059,00**
Pagamentos			
Fornecedores (MP) (tabela 16)	126.000,00	153.530,00	163.195,00
Salários (MOD) (tabela 18)	14.000,00	17.800,00	18.920,00
Custo indireto de fabricação (tabela 19)	58.000,00	77.000,00	82.600,00
Despesas administrativas (tabela 23)	25.000,00	25.000,00	25.000,00
Despesas de vendas e marketing (tabela 24)	19.000,00	18.000,00	18.000,00
Imposto de renda e CSLL (tabela 25)	13.000,00	7.491,00	4.050,00
Investimentos da Ind. Leopoldina em jan. 20X1			14.000,00
Total de pagamentos	**255.000,00**	**298.821,00**	**325.765,00**
Saldo de caixa	**50.000,00**	**45.659,00**	**36.294,00**

Obs.: 1. O saldo inicial de caixa consta do balanço de 31/12/20X0 e corresponde a R$ 15 mil.
2. Do total dos custos indiretos de fabricação excluiu-se o valor das depreciações.

Balanço patrimonial projetado

O balanço patrimonial projetado reúne os saldos apresentados em cada componente patrimonial elaborado anteriormente; apresenta projeções dos ativos e passivos da empresa bem como seu patrimônio líquido.

Na elaboração do balanço patrimonial projetado (tabela 27), utilizam-se os dados do fluxo de caixa, do orçamento de vendas e política de prazos de recebimento, do orçamento de produção e do pagamento de seus custos, e do balanço patrimonial inicial.

Tabela 27
BALANÇO PATRIMONIAL PROJETADO – INDÚSTRIA TÊXTIL LEOPOLDINA LTDA.

Balanço patrimonial projetado 31/3/20X1 (R$)	
Ativo	
Ativo circulante	
Caixa e bancos (tabela 26)	36.294,00
Contas a receber (tabela 12)	138.400,00
Estoque de matéria-prima (tabela 22)	79.150,00
Estoque de produtos acabados (tabela 22)	292.000,00
Total do ativo circulante	**545.844,00**
Ativo não circulante	
Imobilizado	
Terreno (dado)	400.000,00
Prédio e equipamentos (dado)	4.986.000,00
Depreciação acumulada (tabela 9)	– (36.000,00)
Total do ativo não circulante	**5.350.000,00**
Total do ativo	**5.895.844,00**
Passivo	
Passivo circulante	
Saldo de contas a pagar (tabela 16)	95.325,00
Imposto de renda a pagar e CSLL (tabela 25)	8.910,00
Total do passivo circulante	**104.235,00**
Passivo não circulante	
Financiamento	1.386.000,00
Total do passivo não circulante	**1.386.000,00**
Patrimônio líquido (dado)	
Capital (dado)	4.357.890,00
Lucros líquidos (tabela 25)	47.719,00
Total do patrimônio líquido	**4.405.609,00**
Total do passivo	**5.895.844,00**

Obs.: Os valores das instalações e do capital da Indústria Têxtil Leopoldina Ltda. constam do balanço de 20X1, e as depreciações referem-se apenas às ocorridas no primeiro trimestre.

A seguir, detalharemos como planejar o controle orçamentário.

Controle orçamentário

Controle orçamentário é um instrumento da contabilidade gerencial que permite à organização identificar seus resultados em relação ao que planejou para dado período. O gestor deve identificar suas metas, os resultados alcançados, as variações numéricas entre eles, analisar e entender as causas da variação e decidir ações que ajustem as metas no futuro ou que permitam manter aquelas que foram estabelecidas.

As organizações pretendem controlar resultados projetados obtidos por ações, por meio de pessoas. Se, por um lado, existem vários tipos de planejamento (estratégico, operacional e administrativo), o controle orçamentário é um instrumento único.

Segundo Anthony (2002), a controlabilidade dos custos é importante, pois as informações são agrupadas em centros de responsabilidade, distinguindo os gastos controláveis daqueles que não o são pelos responsáveis pelos centros. Além do detalhamento por centro de responsabilidade, ele deve especificar o plano de contas de que a organização dispõe.

Na visão clássica de avaliação de desempenho, eficiência e eficácia devem ser enfatizadas, já que podem caminhar independentemente, embora alguns autores considerem que o termo eficácia possa incluir o conceito de eficiência. Eficiência é o grau em que os insumos são consumidos em relação a um nível de produção. Eficácia indica o grau em que um objetivo é alcançado. Gestor eficiente é o que minimiza o consumo de recursos. Dessa maneira, um empregado pode ter desempenho de grande eficiência, mas não contribuir para que o objetivo da organização seja atingido.

As formas de controle dependem de vários fatores, tais como disponibilidade de sistemas de informações, estrutura conceitual disponível, importância dada pelos principais gestores, momento vivido pela empresa etc. Em algumas organizações, as informações são disponibilizadas pelo sistema de informações da empresa e o próprio gestor se encarrega de estruturar os relatórios de que necessita para sua autoavaliação. Após analisarem o nível de desempenho ocorrido, os gestores identificam ações corretivas e ajustes ao orçamento para preservar os objetivos do período qualitativa e quantitativamente.

As atividades operacionais significativas para que os objetivos sejam atingidos são: vendas, suprimentos, produção e prestação de serviços, gastos nas atividades de apoio etc. Todos os processos devem ser analisados e ter suas variações em relação ao orçado indicadas. Em algumas organizações, o foco de atenção acaba sendo aquilo que o gestor controla. Esse enfoque apresenta alguns problemas, pois, em muitos casos, processos ficam sem ser identificados, planejados ou mesmo acompanhados. Deve ficar claro que pode existir o acompanhamento de uma área em situação na qual o controle dos elementos não seja muito significativo, mas os gestores queiram saber seu custo. Por outro lado, em decorrência da necessidade de estimular e estruturar o *accountability*, em algumas organizações o acompanhamento foca exclusivamente os elementos controláveis pelos gestores responsáveis pela área.

Segundo Frezatti (2009), existem várias maneiras de se discutir a relevância de uma variação. Uma possível abordagem considera que a organização tenha um referencial absoluto de valor que faça sentido para ela, bem como um percentual acima do qual queira alocar esforços para entender as causas dessa variação.

No realinhamento do sistema orçamentário durante o acompanhamento, a área responsável deve identificar as variações relevantes e suas causas; é significativo que comunicação e providências corretivas sejam implementadas. Nesse sentido, a revisão do plano faz parte dos procedimentos que permitem uma adequada visão da realidade na organização. Por outro lado, a identificação das variações relevantes favoráveis é de extrema importância para o crescimento da organização e pode ser fonte de significativas mudanças. Caso elas sejam identificadas e discutidas com a perspectiva de que possam ser perpetuadas e/ou implementadas em outras áreas, a organização tende a ganhar muito com isso, pois representa gerenciar o capital intelectual da empresa, fonte inesgotável de melhorias e oportunidades.

Neste capítulo, leitor, foram-lhe apresentadas as seguintes informações, a seguir sintetizadas:

- ❏ o orçamento de vendas é o ponto de partida para a elaboração do orçamento empresarial. A partir daí são desenvolvidas as demais peças orçamentárias, ou seja, ao se determinar o que será vendido, podem-se planejar todos os recursos necessários para o atendimento dessas vendas;
- ❏ o orçamento de produção possui como objetivo assegurar que as quantidades a serem produzidas durante o período de planejamento sejam as necessárias para atender às vendas previstas;
- ❏ orçamento de matéria-prima ou materiais diretos – as matérias-primas ou materiais diretos consistem nos componentes que serão agregados aos produtos acabados e farão parte dos mesmos; os demais materiais utilizados na produção, desde que não sejam agregados aos produtos, são classificados como custos indiretos de fabricação (gastos gerais de fabricação);
- ❏ o orçamento do consumo de materiais é elaborado a partir do orçamento de produção, em quantidade e em valor monetário baseados na quantidade a ser produzida e em dados relativos à composição dos materiais em cada produto;

- o orçamento de compra depende da necessidade de consumo na produção e da política de estoques da empresa e, na sua elaboração, devem ser consideradas as conveniências de compras em termos de preços, prazos de entrega, política de estocagem, lote econômico, além de informações sobre qualidade, desperdícios etc.;
- o orçamento de mão de obra direta é realizado considerando o tempo padrão de horas necessárias para a produção, definido pela engenharia. A elaboração desse orçamento abrange estimativas das necessidades de mão de obra direta para a fabricação dos tipos e quantidades dos produtos previstos no plano de produção;
- a elaboração do orçamento de mão de obra direta possibilita à empresa prever a mão de obra direta necessária ao processo produtivo, estimar o custo da mão de obra nos produtos fabricados, informar à área de recursos humanos as necessidades de mão de obra, obter padrões de eficiência no uso da mão de obra direta etc.;
- orçamento dos custos indiretos de fabricação (CIF) – os custos indiretos de fabricação referem-se aos custos dos itens utilizados na produção, exceto os custos de matéria-prima ou mão de obra direta. São gastos relativos aos departamentos e seções da fábrica, tais como materiais indiretos, mão de obra indireta, energia elétrica, depreciação, materiais de escritório, manutenção, serviços de terceiros, entre outros;
- os custos são atribuídos aos produtos por critérios preestabelecidos de rateio e possuem diferentes denominações: carga da fábrica, custos indiretos de produção, gastos gerais de fabricação e despesas indiretas de produção;
- para se calcular o custo unitário, utiliza-se o consumo dos materiais, a mão de obra e seus respectivos preços;
- o orçamento do custo dos produtos vendidos é obtido a partir do custo de produção no período, e seu cálculo é traduzido pela multiplicação da quantidade vendida pelo custo;

- Para o orçamento de estoque final de matérias-primas e produtos acabados, a empresa deve considerar alguns fatores, tais como taxa de crescimento de vendas, existência ou não de sazonalidade, capacidade financeira ou de crédito, estoque mínimo de segurança etc.;
- o orçamento de despesas operacionais divide-se em despesas administrativas e despesas de vendas e marketing;
- o orçamento de investimentos normalmente impacta a rentabilidade e a lucratividade da empresa em vários exercícios e, por vezes, representa valores vultosos envolvidos;
- a demonstração projetada do resultado do exercício possibilita a projeção do resultado econômico da empresa para o período planejado. Sua elaboração se dá a partir dos orçamentos operacionais, tais como orçamento de vendas, orçamento de produção e orçamento das despesas operacionais e financeiras. Esse demonstrativo também possibilita aos executivos estimar resultados futuros, em virtude de montagem dos demais orçamentos, considerando diferentes alternativas para custos e despesas;
- o orçamento de caixa é preparado após a elaboração dos demais orçamentos devido à sua dependência das informações neles contidas. Seu objetivo é garantir recursos financeiros suficientes para atender às necessidades de operação da empresa;
- o balanço patrimonial projetado reúne os saldos apresentados em cada componente patrimonial elaborado anteriormente, Apresenta projeções dos ativos e passivos da empresa, bem como seu patrimônio líquido;
- controle orçamentário é um instrumento da contabilidade gerencial que permite à organização identificar seus resultados em relação ao que planejou para dado período.

No próximo capítulo, abordaremos a definição e aplicação do fluxo de caixa projetado, demonstrativo de resultado do exercício (DRE) projetado e o balanço patrimonial projetado.

5
Fluxo de caixa projetado, demonstrativo de resultado do exercício (DRE) projetado e balanço patrimonial projetado

Neste capítulo, leitor, você verá a visão do gestor sobre o processo orçamentário, definindo e aplicando o fluxo de caixa projetado, o demonstrativo de resultado do exercício (DRE) projetado e o balanço patrimonial projetado. Também serão apresentados a você dois casos que exemplificam a inviabilidade/viabilidade de um projeto devido à deficiência de análise das informações apresentadas ao longo do processo orçamentário.

Orçamento geral da empresa

Os gestores têm pela frente o desafio de buscar o caminho que os leve à obtenção do maior retorno possível para os recursos aplicados na organização, e nesse contexto incluem-se os gestores de empresas sem fins lucrativos, que não buscam o lucro para retornar o investimento e sim o superávit para incrementar as atividades ligadas ao seu objeto.

O gestor tem sob sua responsabilidade a tomada de decisões que proporcionarão à empresa a obtenção do êxito financeiro pretendido pelos acionistas, sendo este necessário à sustentabilidade de resultados para a perenidade da organização.

Alguns estudos demonstram essa trajetória ainda no plano da estratégia. Em muitas escolas já foi observada a força da relação entre o ambiente e a organização, a interferência dos movimentos de um sobre o outro e, principalmente, a maneira como a formatação do pensamento estratégico está ligada às características dos administradores que estão à frente da condução dos negócios.

No processo organizacional e na implantação do processo orçamentário a empresa tem sua base de sustentação, pois os orçamentos nascem setoriais, ou seja, são feitos em cada setor pelo elemento de maior competência, buscando definir os valores envolvidos na estratégia escolhida pelo gestor para conduzir a empresa até os objetivos traçados pelos acionistas.

Após essa etapa, tem início o trabalho de busca por informações externas e utilização das mesmas na elaboração do orçamento por setores da organização. Somente após o término desse processo é que são entregues individualmente os orçamentos para que sejam consolidados e finalmente deem origem ao orçamento geral da empresa. Este é composto por três importantes relatórios de análise e apoio à decisão gerencial: o fluxo de caixa projetado, o demonstrativo de resultado do exercício (DRE) projetado e o balanço patrimonial projetado, que serão vistos a seguir.

Fluxo de caixa projetado

Representa a expectativa de entrada e saída de dinheiro, que poderá estar no caixa da empresa e também na movimentação em conta bancária.

O maior objetivo do fluxo de caixa projetado é mostrar se há ou não recursos suficientes para a operacionalização dos orçamentos das áreas. Por isso, é o primeiro a ser analisado e chamado de "limitante físico do estudo do orçamento", em razão de sua condição de não possibilitar saldos menores que zero, uma vez que não é possível, em um caixa com R$ 10,00 de saldo, retirar-se qualquer valor maior que R$ 10,00. Essa limitação é definidora da viabilidade dos orçamentos setoriais, lembrando que cada setor, ao fazer seu estudo, não sabe se haverá dinheiro suficiente para operacionalizá-lo; somente após a consolidação dos orçamentos setoriais no orçamento global é que se poderá definir essa viabilidade ou a falta dela.

A partir desse demonstrativo, o gestor passará a estudar os ajustes necessários para que o saldo negativo projetado seja revertido. Esses ajustes podem ser medidas como as captações de empréstimo bancário no mercado financeiro e a solicitação de aporte de capital pelos sócios – isso em uma primeira análise, que também pode ensejar uma alteração na estratégia escolhida ou sua substituição por outra possibilidade, ficando ainda, como ação de viabilização do estudo, a postergação do prazo para atingir o objetivo ou a alteração, para menor, do próprio objetivo.

A seguir, leitor, apresentaremos o DRE projetado.

Demonstrativo de resultado do exercício (DRE) projetado

O DRE projetado resume o propósito da atividade econômica, que é a de gerar riqueza, expressa pelo lucro. É o relatório que mostra se, da forma como os setores estudaram seu orçamento, a empresa está gerando riqueza, o que permitirá remunerar o capital investido pelos acionistas.

Ao compararmos as receitas, os custos e as despesas, mostraremos se existe a viabilidade nesse esse decisivo aspecto, que é o econômico.

No próximo tópico, estudaremos o balanço patrimonial projetado.

Balanço patrimonial projetado

É o relatório que atende à função administrativa da contabilidade, que é a de controlar o patrimônio. Sua estrutura comporta, de um lado, o ativo (conjunto dos bens e direitos da organização); do outro, o passivo (conjunto das obrigações), mostrando que, ao fechar os dois lados com o mesmo valor, nada ficou de fora do estudo e também que todos os elementos, financeiros e econômicos, estão considerados de acordo com sua natureza.

Ao finalizar o processo orçamentário, o gestor iniciará o processo de avaliação do estudo, observando as três naturezas representadas pelos demonstrativos financeiro, econômico e patrimonial.

A primeira observação a ser feita é a relação entre o capital investido e os saldos de caixa, para que se busque avaliar se existe a necessidade de aporte de todo o capital oferecido à empresa, uma vez que sua redução implicará aumento de rentabilidade e consequente redução do risco do acionista.

Essa decisão tem impacto financeiro por reduzir o caixa, porém não afeta o desempenho econômico, ou seja, não acarreta nenhuma alteração no lucro gerado, modificando apenas a situação patrimonial, que se manterá equilibrada, uma vez que a redução no caixa será compensada pela redução do capital no contexto do patrimônio líquido.

Leitor, a seguir, apresentaremos exemplos que elucidam a análise do fluxo de caixa projetado.

Análise do fluxo de caixa projetado

Dá início a um processo de análise que resultará em várias alternativas, que somente poderão ser tratadas em cada empresa individualmente. Uma vez que não existem duas empresas iguais, torna-se impossível escrever uma cartilha de soluções padronizadas, pois certamente não haverá uma decisão perfeita para atender a duas realidades diferentes.

Podemos começar a ver esse leque de alternativas pela análise do fluxo de caixa projetado. Nesse contexto, veremos dois exemplos, partindo-se da suposição de duas opções que mostram que o capital aportado pelo acionista excede a necessidade do estudo, conforme mostra o exemplo 1 na tabela 28.

As opções são as listadas a seguir:

❑ *opção A*: reduzir o capital, aumentando o retorno e reduzindo os riscos para o acionista;
❑ *opção B*: utilizar o volume de dinheiro considerado excedente na análise do fluxo de caixa para propor ao fornecedor o pagamento das mercadorias ou materiais à vista, com desconto financeiro e comercial, reduzindo o custo das mercadorias envolvidas, aumentando as margens e o lucro e gerando acréscimo nas taxas de rentabilidade.

A grande diferença das opções está no âmbito de suas possibilidades: enquanto a opção A pode ser implementada de imediato, pois está na área de competência da gestão da empresa, a opção B, num primeiro momento, não poderá ser considerada como uma alteração, pois não se classifica como decisão, e sim como uma recomendação, que envolve um elemento externo à organização (fornecedor), a quem compete, junto com a organização, definir em negociação os percentuais de redução. Somente após isso será possível avaliar qual das duas possibilidades é mais benéfica para a organização.

Considerando o fluxo de caixa apresentado na tabela 28, o gestor observará a relação dos saldos finais de caixa com o capital a ser integralizado. Essa observação crítica inicia o processo de avaliação de necessidades de recursos após sua consolidação,

Tabela 28

Exemplo 1: Projeção de fluxo de caixa

Fluxo de caixa (R$)

Itens	Janeiro	Fevereiro	Março	Abril	Maio	Junho	Total
Capital	120,00	–	–	–	–	–	120,00
Vendas à vista	10,00	10,00	10,00	10,00	10,00	10,00	60,00
Vendas a prazo	–	90,00	90,00	90,00	90,00	90,00	450,00
Total de entradas	130,00	100,00	100,00	100,00	100,00	100,00	630,00
Compras à vista	7,00	6,00	6,00	6,00	6,00	6,00	37,00
Compras a prazo	–	63,00	54,00	54,00	54,00	54,00	279,00
Aquisição de ativo fixo	–	30,00	–	30,00	–	–	60,00
Pessoal e encargos	15,00	15,00	15,00	15,00	15,00	15,00	90,00
Gastos administrativos.	10,00	10,00	10,00	10,00	10,00	10,00	60,00
Despesas de vendas	5,00	5,00	5,00	5,00	5,00	5,00	30,00
Total de saídas	37,00	129,00	90,00	120,00	90,00	90,00	556,00
Acréscimo/decréscimo	93,00	–29,00	10,00	–20,00	10,00	10,00	74,00
Saldo inicial	**0,00**	**93,00**	**64,00**	**74,00**	**54,00**	**64,00**	–
Saldo final	**93,00**	**64,00**	**74,00**	**54,00**	**64,00**	**74,00**	–

pois, quando os acionistas propõem o volume de capital a ser aportado, não têm ideia se esse volume será suficiente, demasiado ou insuficiente. Somente após a consolidação do orçamento é que se poderá avaliar essa relação.

No exemplo apresentado na tabela 28, ao destacar o menor saldo de caixa em abril, de R$ 54,00, o gestor já tem, como uma primeira observação, que esse valor representa 45% do capital proposto, ou seja, no pior momento de caixa, 45% do capital proposto estarão sem produzir nenhum ganho ao negócio.

À luz desse pensamento, a primeira decisão poderia ser a de reduzir o capital a ser investido em, por exemplo, R$ 40,00, para que o capital integralizado se ajustasse à necessidade do negócio. Pela ótica do envolvimento do elemento externo nessa possibilidade, o gestor ampliaria suas opções, pois poderia recomendar:

(a) ao setor de compras que reavaliasse, junto com o fornecedor, a possível redução do valor das materiais-primas, materiais ou serviços, por conta de um pagamento à vista;
(b) ao setor comercial que fizesse um estudo indicando quantos volumes a mais poderiam ser oferecidos ao mercado, com o desdobramento nas seguintes áreas:
- produção – para avaliar o impacto na capacidade de produção, qual o valor dos investimentos para aumentá-la (se for o caso) e os custos para esse aumento;
- administrativa – para verificar a capacidade de armazenagem, contas a receber e pessoal para esse aumento de volume.

O universo dessa decisão não está restrito apenas à questão financeira ou ao trabalho do gestor; seria necessária a estruturação dessa decisão, avaliando-a do ponto de vista econômico e patrimonial. Para tanto, avaliaríamos os demais relatórios nos quais poderíamos observar esses impactos.

Para que isso aconteça de forma a contribuir efetivamente para o resultado, torna-se fundamental o entendimento da diferença entre a natureza do fluxo de caixa projetado, do DRE projetado e do balanço patrimonial projetado, a fim de que a estrutura da decisão respalde o atendimento a essa busca por maximização de resultados. Exemplificando, a tabela 29 mostra o DRE projetado.

No exemplo apresentado na tabela 29, percebemos o desempenho da operação em que objetivo da atividade econômica é a geração de riqueza, ou seja, operar de forma a obter o maior lucro possível. Portanto, o DRE trata da comparação entre as receitas, os custos e as despesas incorridas no mesmo período.

Retornando à decisão a ser tomada para o ajuste do capital (redução de R$ 40,00) à necessidade do negócio, verificamos que essa decisão não acarreta impacto econômico, ou seja, o lucro se mantém.

Já em relação às recomendações mencionadas anteriormente, se forem possíveis, afetarão esse resultado, sendo necessário que se refaça a projeção dessa posição econômica, para que se avalie o impacto a ser gerado pelo atendimento das recomendações apresentadas.

Ainda seria necessário, além dos aspectos financeiros e econômicos abordados, observar o comportamento do patrimônio em relação à decisão tomada. Para tanto, torna-se necessário projetar a estrutura do balanço patrimonial.

Conforme explicado, o balanço patrimonial tem a função de indicar se todos os elementos envolvidos estão sendo tratados adequadamente sob os aspectos contábeis, e isso deve ser demonstrado no encerramento do balanço, através do método das partidas dobradas. Quando o balanço apresenta valores diferentes no total de ativo e passivo, há um indicativo de ausência, erro ou omissão de algum elemento ou elementos pertencentes ao mesmo.

Complementando a sequência do exemplo, observemos o balanço patrimonial projetado apresentado na tabela 30.

Tabela 29
DEMONSTRATIVO DE DRE PROJETADO

Itens	\multicolumn{7}{c}{Demonstrativo de resultado do exercício (DRE) projetado (R$)}
	Janeiro	Fevereiro	Março	Abril	Maio	Junho	Total
Vendas líquidas	100,00	100,00	100,00	100,00	100,00	100,00	600,00
(–) Custos	–60,00	–60,00	–60,00	–60,00	–60,00	–60,00	–360,00
Lucro bruto	40,00	40,00	40,0	40,00	40,00	40,00	240,00
(–) Despesas operacionais	–33,50	–30,50	–30,50	–30,50	–30,50	–30,50	–186,00
Administração	–25,00	–25,00	–25,00	–25,00	–25,00	–25,00	–150,00
Comercial	–5,00	–5,00	–5,00	–5,00	–5,00	–5,00	–30,00
Depreciação	–0,50	–0,50	–0,50	–0,50	–0,50	–0,50	–3,00
Devedores duvidosos	–3,00	0,00	0,00	0,00	0,00	0,00	–3,00
Lucro operacional	6,50	9,50	9,50	9,50	9,50	9,50	54,00
(–) IR + CSLL	–2,00	–3,00	–3,00	–3,00	–3,00	–2,00	–16,00
Lucro líquido do exercício	4,50	6,50	6,50	6,50	6,50	7,50	38,00

Tabela 30
BALANÇO PATRIMONIAL PROJETADO

Balanço patrimonial projetado (R$)
Período: janeiro a junho

Item						
Ativo	Janeiro	Fevereiro	Março	Abril	Maio	Junho
Circulante	190,00	161,00	171,00	151,00	161,00	171,00
Caixa	**93,00**	**64,00**	**74,00**	**54,00**	**64,00**	**74,00**
Clientes	90,00	90,00	90,00	90,00	90,00	90,00
(–) Provisão para devedores duvidosos	–3,00	–3,00	–3,00	–3,00	–3,00	–3,00
Estoques	10,00	10,00	10,00	10,00	10,00	10,00
Não circulante	**59,50**	**59,00**	**58,50**	**58,00**	**57,50**	**57,00**
Imobilizado	59,50	59,00	58,50	58,00	57,50	57,00
Ativo fixo	60,00	60,00	60,00	60,00	60,00	60,00
(–) Depreciação acumulada	–0,50	–1,00	–1,50	–2,00	–2,50	–3,00
Total do ativo	**249,50**	**220,00**	**229,50**	**209,00**	**218,50**	**228,00**
Passivo	Janeiro	Fevereiro	Março	Abril	Maio	Junho
Circulante	125,00	89,00	92,00	65,00	68,00	93,00
Fornecedores	63,00	54,00	54,00	54,00	54,00	54,00
Contas a pagar	60,00	30,00	30,00	0,00	0,00	0,00
IR + CSLL a pagar	2,00	5,00	8,00	11,00	14,00	16,00
Dívidas a pagar						23,00
Patrimônio líquido	124,50	131,00	137,50	144,00	150,50	135,00
Capital	**120,00**	**120,00**	**120,00**	**120,00**	**120,00**	**120,00**
Reserva de lucros						15,00
Lucros acumulados	4,50	11,00	17,50	24,00	30,50	0,00
		220,00	229,50	209,00	218,50	228,00

O balanço patrimonial projetado demonstrado na tabela 30 refere-se à proposta original do exemplo, ou seja, ali estão consolidados os valores de ativo e passivo pelo método das partidas dobradas, sendo possível analisar todos os elementos envolvidos, uma vez que estão adequadamente considerados.

A análise principal é sobre o retorno do capital investido pelo acionista que, nesse caso, será de 31,7%. Essa informação foi obtida com a fórmula:

> Lucro líquido ÷ capital investido

Ao considerar a decisão de reduzir o capital em R$ 40,00 para adequação, como vimos, teremos a geração de um balanço patrimonial da revisão 1, conforme mostra a tabela 31.

Observamos na tabela 31 que o impacto patrimonial da decisão de reduzir R$ 40,00 do capital justifica-se sempre pela busca da maximização do capital investido após a confirmação do fechamento do balanço patrimonial projetado, com o mesmo valor fechando o ativo e o passivo. Ao avaliarmos o retorno sobre o capital investido pelo sócio, verificamos que ele aumentaria de 31,7% para 47,5%, dando, portanto, ao estudo uma perspectiva de retorno ajustada para a real necessidade de capital do negócio pensado e agora planejado.

Vários aspectos precisam ser abordados na leitura das informações que envolvem o planejamento. Os aspectos organizacionais precisam ser observados no momento da análise, pois cada empresa tem suas próprias características, o que a torna única. As competências envolvidas na estrutura de um orçamento precisam estar muito bem-orientadas para suas responsabilidades. Nessa linha, podemos dividir o resultado dessa análise em decisões, como as que já vimos no exemplo anterior, e em recomendações, que seriam os pontos em que o gestor

Tabela 31
BALANÇO PATRIMONIAL DA REVISÃO 1

Balanço patrimonial da revisão 1 (R$)
Período: janeiro a junho

Item						
Ativo	Janeiro	Fevereiro	Março	Abril	Maio	Junho
Circulante	150,00	121,00	131,00	111,00	121,00	131,00
Caixa	**53,00**	**24,00**	**34,00**	**14,00**	**24,00**	**34,00**
Clientes	90,00	90,00	90,00	90,00	90,00	90,00
(–) Provisão para devedores duvidosos	–3,00	–3,00	–3,00	–3,00	–3,00	–3,00
Estoques	10,00	10,00	10,00	10,00	10,00	10,00
Não circulante	**59,50**	**59,00**	**58,50**	**58,00**	**57,50**	**57,00**
Imobilizado	59,50	59,00	58,50	58,00	57,50	57,00
Ativo fixo	60,00	60,00	60,00	60,00	60,00	60,00
(–) Depreciação acumulada	–0,50	–1,00	–1,50	–2,00	–2,50	–3,00
Total do ativo	**209,50**	**180,00**	**189,50**	**169,00**	**178,50**	**188,00**
Passivo	Janeiro	Fevereiro	Março	Abril	Maio	Junho
Circulante	125,00	89,00	92,00	65,00	68,00	93,00
Fornecedores	63,00	54,00	54,00	54,00	54,00	54,00
Contas a pagar	60,00	30,00	30,00	0,00	0,00	0,00
IR + CSLL a pagar	2,00	5,00	8,00	11,00	14,00	16,00
Dívidas a pagar						23,00
Patrimônio líquido	84,50	91,00	97,50	104,00	110,50	95,00
Capital	**80,00**	**80,00**	**80,00**	**80,00**	**80,00**	**80,00**
Reserva de lucros						15,00
Lucros acumulados	4,50	11,00	17,50	24,00	30,50	0,00
	209,50	180,00	189,50	169,00	178,50	**188,00**

observa a possibilidade de alavancar os indicadores do negócio. Todavia, a ação de mudança não está na alçada de decisão do gestor, por envolver elementos externos à empresa e aspectos estudados pelas áreas de forma profunda e consistente.

Essa seria a opção A – reduzir o capital, aumentando o retorno e reduzindo os riscos para o acionista.

O orçamento setorial é elaborado nas áreas das empresas exatamente para que o detalhamento do estudo reflita o montante de recursos necessários para que o setor funcione. Considerando a estratégia adotada pelo acionista, cabe ao responsável pelo setor, pela sua competência específica sobre aquele assunto, definir se é possível ou não atender à recomendação do gestor sem afetar a performance esperada pela área.

Já na opção B – utilizar o volume de dinheiro considerado excedente na análise do fluxo de caixa para propor ao fornecedor o pagamento das mercadorias ou materiais à vista com desconto financeiro e comercial, reduzindo o custo das mercadorias envolvidas, aumentando as margens e o lucro e gerando acréscimo nas taxas de rentabilidade –, o gestor poderia recomendar ao setor de compras que discutisse com o fornecedor essa possibilidade e, principalmente, qual seria o valor do desconto concedido para essa nova condição. Estaríamos diante de um fator externo, pois não haveria como impor suas condições ao fornecedor, mas sim propor uma negociação para avaliar o resultado.

Com essas informações, o gestor poderia fazer o comparativo entre o ganho na rentabilidade gerada pela redução do capital a ser investido e o ganho gerado pela redução dos custos.

No exemplo 2, apresentado na tabela 32, vamos avaliar, no contexto da avaliação cruzada, o caso de uma loja de produtos de higiene pessoal que, na sua trajetória, decide ampliar sua participação de mercado com a abertura de uma nova loja. A análise irá se apoiar nos relatórios demonstrados neste capítulo: balanço patrimonial projetado, DRE projetado e, principalmente, fluxo de caixa projetado, para saber se a loja terá os recursos necessários para concretizar tal projeto ou se terá que buscar recursos adicionais via capital de terceiros.

Partindo do pressuposto de que estarão envolvidos valores econômicos consolidados no quarto trimestre do ano de 20XX, a empresa (que chamaremos de Citrus) mostra a situação econômica apresentada na tabela 32.

Tabela 32
EXEMPLO 2: DEMONSTRATIVO DE RESULTADO DO EXERCÍCIO (DRE) PROJETADO PARA O ANO DE 20XX

Demonstrativo de resultado do exercício (DRE) projetado	
Item	Valor (R$)
Receita de vendas	200.000,00
(–) Custo das vendas	100.000,00
Margem bruta	100.000,00
(–) Despesas de vendas, gerais e administrativas	40.000,00
Lucro antes dos impostos	60.000,00
Imposto sobre o lucro – 35%	21.000,00
Lucro líquido	39.000,00

Com base nessas informações, é humanamente difícil tomar a decisão sugerida (opção B), uma vez que o DRE não reflete integralmente a posição financeira, e sim a posição econômica da empresa, que, no contexto de investimentos, tem capacidade limitada para a tomada de decisão. Para tanto, consideraremos as seguintes premissas:

❏ a receita de vendas e o custo das vendas devem aumentar 10% em cada um dos próximos dois trimestres;

- 90% das vendas são recebidas no próprio trimestre em que estas ocorrem e 10% no trimestre seguinte;
- o saldo de contas a receber, ao final de 20XX, refere-se às vendas do quarto trimestre de 20XX;
- as compras de estoque do quarto trimestre de 20XX totalizaram R$ 80 mil;
- o saldo de fornecedores do final de 20XX refere-se às compras do quarto trimestre de 20XX;
- o saldo de estoques no final de 20XX é de R$ 82,5 mil. A empresa planeja manter os estoques equivalentes a 75% do custo das vendas do trimestre seguinte;
- as despesas de vendas, gerais e administrativas (VGA) devem aumentar em R$ 7 mil em função dos aumentos de propaganda e salários. Todas as outras despesas dessa categoria devem permanecer constantes;
- 80% das compras de estoques são pagos no trimestre da compra e 20% no trimestre seguinte. Todas as outras despesas, incluindo impostos, são pagas no trimestre em que são incorridas;
- as despesas de vendas, gerais e administrativas, incluem R$ 1 mil de depreciação, referentes aos móveis e utensílios, que têm valor contábil de R$ 40 mil no final de 20XX;
- a alíquota dos impostos sobre o lucro deve permanecer em 35%;
- o saldo de caixa no final de 20XX é de R$ 24 mil;
- o capital social no final de 20XX é de R$ 110,5 mil e os lucros acumulados são de R$ 40 mil;
- as contas do ativo são: caixa, contas a receber e móveis e utensílios. A única conta do passivo são os fornecedores. As contas do patrimônio líquido (PL) são: capital social e lucros acumulados.

Obviamente, a existência de tantos dados adicionais exigirá uma organização por meio da formatação das informações para a obtenção de um processo decisório eficaz. Comecemos, então, pela projeção da DRE para o primeiro trimestre de 20XX, conforme demonstra a tabela 33.

Tabela 33
DEMONSTRATIVO DE RESULTADO DO EXERCÍCIO (DRE) PROJETADO PARA O PRIMEIRO TRIMESTRE DE 20XX

Demonstrativo de resultado do exercício (DRE) projetado do ano de 20XX	
Item	Valor (R$)
Receita de vendas	220.000,00
(–) Custo das vendas	110.000,00
Margem bruta	110.000,00
(–) Despesas de vendas, gerais e administrativas	47.000,00
Lucro antes dos impostos	63.000,00
Impostos sobre o lucro – 35%	22.050,00
Lucro líquido	40.950,00

Notamos, por meio da tabela 33, que, mesmo com o aumento percentual no volume de vendas, os resultados relacionados à receita e ao lucro estão dentro de um padrão de normalidade, bem como os custos e despesas que aparentemente estão na média de mercado.

Assim, faz-se necessário avaliar o fluxo de caixa, uma vez que o mesmo reflete a disponibilidade financeira da empresa para novos investimentos. Baseado nas premissas expostas, nosso fluxo de caixa projetado terá o seguinte resultado, demonstrado na tabela 34.

Tabela 34
Fluxo de caixa projetado para o ano 20XX (R$)

Recebimentos	
10% – quarto trimestre de 20XX	20.000,00
90% – primeiro trimestre de 20XX	198.000,00
Total	218.000,00
Desembolsos	
Compras - 20% – quarto trimestre de 20XX	16.000,00
Compras - 80% – primeiro trimestre de 20XX	94.600,00
Despesas VGA	46.000,00
IR + CSLL sobre lucro	22.050,00
Total	–178.650,00
Saldo inicial	24.000,00
Saldo final	63.350,00

Diante dos resultados decorrentes das premissas do exemplo deste fluxo de caixa projetado apresentado na tabela 34, você, leitor, pode notar pontos positivos e negativos. Entre os pontos considerados positivos, destacamos:

❑ ciclo operacional – nota-se que os recebimentos, no mesmo período, superam percentualmente os desembolsos de compra. Tal situação melhora a condição de caixa da empresa, conferindo-lhe maior liquidez e menor dependência de capital de giro;
❑ despesas de vendas, gerais e administrativas (despesas VGA) – percebemos que o valor se encontra dentro de um padrão que consideramos normal no mercado, beneficiando a empresa na geração de caixa operacional excedente para suas operações cotidianas, sem a dependência de fontes externas.

Negativamente, porém, pesa contra a empresa o fato de que o caixa gerado pela operação é insuficiente para a concretização do plano de abertura de uma nova loja. Nesse caso torna-se necessário recorrer a um agente de financiamento externo, que em geral é representado por bancos.

Conclusivamente você, leitor, pode notar que, entre os aspectos que contribuíram para a limitação das disponibilidades financeiras para a abertura da nova loja, alguns podem ser observados no balanço patrimonial projetado da empresa, apresentado na tabela 35.

Tabela 35
BALANÇO PATRIMONIAL PROJETADO PARA O ANO 20XX

Ativo	R$	Passivo	R$
Caixa	63.350,00	Fornecedores	23.650,00
Contas a receber	22.000,00	Capital social	110.500,00
Estoques	90.750,00	Capital integralizado	0,00
Móveis e utensílios	39.000,00	Lucros acumulados	80.950,00
Total	215.100,00		215.100,00

Desde que haja uma justificativa plausível, será importante avaliar e adequar coerentemente o nível de estocagem em uma organização. No nosso exemplo, notamos que a empresa imobiliza aproximadamente 175% do seu caixa operacional em estoques. Tal procedimento diminui a liquidez da empresa e inibe novos investimentos, na medida que precisará recorrer a uma linha de crédito externa para atender ao investimento na nova loja e ainda manter o caixa mínimo exigido pela operação da empresa.

Em termos concretos, a abertura da nova loja exigiria investimentos que, diante da disponibilidade financeira gerada, implicaria a obtenção de novos recursos para a manutenção da disponibilidade financeira desejada. Vejamos, na tabela 36, um breve relatório financeiro demonstrando essa situação.

Tabela 36
RELATÓRIO DE DISPONIBILIDADE FINANCEIRA PARA ABERTURA DA NOVA LOJA

Item	Valor (R$)
Saldo de caixa	63.350,00
Mínimo de caixa	25.000,00
Sobra	38.350,00
Necessidade	40.000,00
Déficit	−1.650,00
Empréstimo	1.650,00

A disponibilidade financeira demonstrada no relatório apresentado na tabela 36 implicará a busca de recursos adicionais junto a agentes de financiamento externo e, sendo essa importância pequena, poderá ser enquadrada na categoria de capital de giro, devendo a mesma alavancar a situação financeira da empresa por meio do pagamento de maiores montantes de juros.

A alternativa seria discutir um maior controle sobre a execução e o gerenciamento de custos e despesas, fazendo com que os excessos cometidos fora do padrão de normalidade pudessem ser readequados à realidade da empresa e evitando a necessidade de novas captações pela falta de disponibilidade financeira.

Além disso, várias outras possibilidades de avaliação cruzada poderiam ser sugeridas, porém, o principal aspecto a ser observado é o limite entre a decisão (aquilo que podemos fazer) e a recomendação, que respeitará as competências internas e as forças externas da empresa.

O processo de tomada de decisão sempre estará atrelado à análise da situação, assim como a qualidade da decisão tomada sempre estará diretamente ligada à qualidade da análise das informações dadas.

Temos inúmeros casos em que um projeto de grande potencial é rejeitado por uma deficiência de análise das informações, em que o olhar do gestor não alcançou a dimensão das informações colhidas ao longo do processamento do orçamento. Vejamos o exemplo apresentado na tabela 37.

Na tabela 37, o fluxo de caixa apresentado revelou uma inviabilidade decorrente de saldos de caixa negativos, que impediram sua execução da maneira estudada.

Na tabela 38, é apresentado um DRE com uma proposta de lucro que torna o estudo atraente em termos de retorno sobre o investimento do sócio. Foi obtido um lucro líquido acumulado total de R$ 172,00 sobre o capital investido de R$ 550,00, gerando uma taxa de retorno de 31%. Nessa situação, o acionista estaria insatisfeito com a rejeição do estudo.

O que fazer? Quais decisões poderiam ser tomadas para tornar esse projeto viável? Essas questões traduzem a real importância do gestor na empresa e dão a oportunidade de trabalhar uma de suas mais importantes competências – a de analisar:
(i) o que se deseja – viabilizar o projeto;
(ii) o que é necessário – equacionar os pontos críticos que aparecem expressos no fluxo de caixa, gerando o saldo negativo que o inviabiliza.

Tabela 37

Fluxo de caixa com inviabilidade decorrente de saldos de caixa negativos

Fluxo de caixa (R$)

Item	Janeiro	Fevereiro	Março	Abril	Maio	Junho	Total
Integralização de capital	350,00	–	–	200,00	–	–	550,00
Vendas à vista	50,00	50,00	50,00	50,00	50,00	50,00	300,00
Vendas a prazo	–	200,00	450,00	450,00	450,00	450,00	2.000,00
Total de entradas	**400,00**	**250,00**	**500,00**	**700,00**	**500,00**	**500,00**	**2.850,00**
Compras à vista	35,00	30,00	30,00	30,00	30,00	30,00	185,00
Compras a prazo	–	140,00	295,00	270,00	270,00	270,00	1.245,00
Pessoal e encargos	100,00	100,00	100,00	100,00	100,00	120,00	620,00
Despesas administrativas	40,00	40,00	40,00	40,00	40,00	50,00	250,00
Despesas com vendas	10,00	10,00	10,00	10,00	10,00	10,00	60,00
Aquisição de móveis e utensílios	150,00	150,00	–	–	–	–	300,00
Total de saídas	**335,00**	**470,00**	**475,00**	**450,00**	**450,00**	**480,00**	**2.660,00**
Acréscimos/decréscimos	**65,00**	**–220,00**	**25,00**	**250,00**	**50,00**	**20,00**	**190,00**
Saldo inicial	–	65,00	–155,00	–130,00	120,00	170,00	–
Saldo final	65,00	–155,00	–130,00	120,00	170,00	190,00	–

Tabela 38
DRE PROJETADO

Demonstrativo de resultados do exercício (DRE) projetado (R$)							
Itens	Janeiro	Fevereiro	Março	Abril	Maio	Junho	Total
Vendas líquidas	500,00	500,00	500,00	500,00	500,00	500,00	3.000,00
(−) Custo da mercadoria vendida	−300,00	−300,00	−300,00	−300,00	−300,00	−300,00	−1.800,00
Lucro bruto	200,00	200,00	200,00	200,00	200,00	200,00	1.200,00
(−) Despesas operacionais	−157,00	−155,00	−152,00	−153,00	−152,00	−183,00	−952,00
Administração	−140,00	−140,00	−140,00	−140,00	−140,00	−170,00	−870,00
Comercial	−10,00	−10,00	−10,00	−10,00	−10,00	−10,00	−60,00
Devedores duvidosos	−5,00	−2,00	—	—	—	—	−7,00
Depreciação	−2,00	−3,00	−2,00	−3,00	−2,00	−3,00	−15,00
Lucro operacional	43,00	45,00	48,00	47,00	48,00	17,00	248,00
(−) Provisão IR + CSLL	−13,00	−14,00	−15,00	−14,00	−15,00	−5,00	−76,00
Lucro líquido do exercício	30,00	31,00	33,00	33,00	33,00	12,00	172,00

Então, pode-se dizer que se dá inicio ao processo de análise, e é fundamental para um desfecho com qualidade que se observem alguns passos importantes dentro desse processo de decisão:

- discutir abertamente o problema, com a clara proposta de viabilizar o estudo;
- ouvir todos os envolvidos, pois as competências são diferentes; consequentemente, a forma de observar as informações também é diferente. Esse mix de olhares é que trará um caminho com solução ou soluções de qualidade. A discussão tem de estar embasada em conceitos válidos, expressos nas estruturas apresentadas, sendo as objeções, nesse processo, aquilo que de mais importante pode acontecer, pois a partir daí serão desenvolvidas as soluções mais eficientes para se atingir o propósito principal, que é resolver o projeto;
- trabalhar na observação das causas do problema. No estudo em pauta, fica claro que a decisão de gasto que causa esse saldo negativo no caixa ocorre pela concentração do pagamento dos ativos fixos nos dois primeiros meses. Tal conclusão passa pela avaliação da relevância dos valores envolvidos no estudo, e não adiantaria alterar valores com menor relevância, pois o problema não seria solucionado. A simples observação da estrutura, no caso o fluxo de caixa, é suficiente para que se detecte a causa, lembrando que a ânsia por fazer contas não pode atrapalhar o mais importante, que é a reflexão sobre as informações. Ao observarmos a estrutura, podemos identificar o ponto-chave a ser trabalhado e elaborar uma proposta de alterações que equacionem o projeto da forma desejada pelo acionista.

Como exemplo, poder-se-ia financiar a aquisição desse ativo fixo, em primeira hipótese, em cinco vezes a partir de fevereiro, com entrada de R$ 50,00 em janeiro, a juros de 3% a.m., o que significaria a diluição desse desembolso e acarretaria a eliminação dos saldos negativos, conforme mostram as tabelas 39 e 40.

Tabela 39

FLUXO DE CAIXA PROJETADO

Fluxo de caixa projetado (R$)

Itens	Janeiro	Fevereiro	Março	Abril	Maio	Junho	Total
Integralização de capital	350,00	–	–	200,00	–	–	550,00
Vendas à vista	50,00	50,00	50,00	50,00	50,00	50,00	300,00
Vendas a prazo	–	200,00	450,00	450,00	450,00	450,00	2.000,00
Empréstimo	250,00	–	–	–	–	–	250,00
Total de entradas	**650,00**	**250,00**	**500,00**	**700,00**	**500,00**	**500,00**	**3.100,00**
Compras à vista	35,00	30,00	30,00	30,00	30,00	30,00	185,00
Compras a prazo	–	140,00	295,00	270,00	270,00	270,00	1.245,00
Pessoal e encargos	100,00	100,00	100,00	100,00	100,00	120,00	620,00
Despesas administrativas	40,00	40,00	40,00	40,00	40,00	50,00	250,00
Despesas com vendas	10,00	10,00	10,00	10,00	10,00	10,00	60,00
Aquisição de móveis e utensílios	300,00	–	–	–	–	–	300,00
Pagamento/empréstimos	–	55,00	55,00	55,00	55,00	55,00	275,00
Total de saídas	**485,00**	**375,00**	**530,00**	**505,00**	**505,00**	**535,00**	**2.935,00**
Acréscimos/decréscimos	165,00	–125,00	–30,00	195,00	–5,00	–35,00	165,00
Saldo inicial	–	165,00	40,00	10,00	205,00	200,00	–
Saldo final	165,00	40,00	10,00	205,00	200,00	165,00	–

Na tabela 40, a seguir, vemos o lançamento das despesas financeiras que contribuíram – através do financiamento proposto – para a eliminação dos saldos negativos de caixa.

A decisão de financiar a aquisição dos ativos resolveria o projeto da forma como se esperava, porém, ainda não seria uma decisão completa em termos de análise, principalmente considerando-se o foco qualitativo proposto.

O retorno proposto inicialmente sofreria um dano, causado pela incidência de despesas financeiras, fazendo com que o retorno original de 31% fosse reduzido para 28%. Será, então, que o acionista manteria seu interesse? Essa questão é da mais alta significância para o desempenho que se espera de um gestor.

Tal situação exige a demonstração de sua capacidade de avaliar a repercussão da decisão, o que já seria possível antes de tomá-la por se tratar da relação de causa e efeito. Afinal, a qualidade da decisão está na nossa capacidade de avaliar os seus efeitos.

Para essa nova etapa, o que mais se espera é que se possa minimizar o impacto do dano causado, e novamente será exigida do gestor uma visão mais ampliada da questão colocada.

Em um primeiro momento, deve-se pensar na possibilidade de aplicar os saldos de caixa, pois agora o fluxo apresenta viabilidade. Essa medida teria efeito na confirmação de se ter observado o dano causado, mas não mostraria uma observação ampliada.

Você, leitor, pode observar que, ao se optar pela entrada do capital de terceiros para o financiamento da aquisição dos ativos, fica demonstrado que existe uma menor necessidade de capital a ser investido pelo acionista e que uma nova proposta deveria ser encaminhada, fazendo com que a solução apresentada ganhasse em qualidade sob todos os aspectos observados.

Assim, a redução do capital investido, adequando a nova necessidade de capital, resolveria o projeto, de forma a torná-lo ainda mais atrativo para o investidor.

Vamos ao exemplo dessa nova etapa da decisão demonstrada na tabela 41.

Tabela 40
DRE PROJETADO

Demonstrativo de resultado do exercício (DRE) projetado (R$)

Itens	Janeiro	Fevereiro	Março	Abril	Maio	Junho	Total
Vendas líquidas	500,00	500,00	500,00	500,00	500,00	500,00	3.000,00
(−) CMV	−300,00	−300,00	−300,00	−300,00	−300,00	−300,00	−1.800,00
Lucro bruto	**200,00**	**200,00**	**200,00**	**200,00**	**200,00**	**200,00**	**1.200,00**
(−) Despesas operacionais	−157,00	−160,00	−157,00	−158,00	−157,00	−188,00	−977,00
Administração	−140,00	−140,00	−140,00	−140,00	−140,00	−170,00	−870,00
Comercial	−10,00	−10,00	−10,00	−10,00	−10,00	−10,00	−60,00
Despesas financeiras	−5,00	−5,00	−5,00	−5,00	−5,00	−5,00	−25,00
Devedores duvidosos	−	−2,00	−	−	−	−	−7,00
Depreciação	−2,00	−3,00	−2,00	−3,00	−2,00	−3,00	−15,00
Lucro operacional	**43,00**	**40,00**	**43,00**	**42,00**	**43,00**	**12,00**	**223,00**
(−) IR + CSLL	−13,00	−12,00	−13,00	−13,00	−13,00	−4,00	−68,00
Lucro líquido do exercício	**30,00**	**28,00**	**30,00**	**29,00**	**30,00**	**8,00**	**155,00**

Tabela 41
Fluxo de Caixa Projetado

Fluxo de caixa projetado (R$)

Itens	Janeiro	Fevereiro	Março	Abril	Maio	Junho	Total
Integralização capital	200,00	120,00	30,00	45,00	–	–	395,00
Vendas à vista	50,00	50,00	50,00	50,00	50,00	50,00	300,00
Vendas a prazo	–	200,00	450,00	450,00	450,00	450,00	2.000,00
Empréstimo	250,00	–	–	–	–	–	250,00
Total de entradas	**500,00**	**370,00**	**530,00**	**545,00**	**500,00**	**500,00**	**2.945,00**
Compras à vista	35,00	30,00	30,00	30,00	30,00	30,00	185,00
Compras a prazo	–	140,00	295,00	270,00	270,00	270,00	1.245,00
Pessoal e encargos	100,00	100,00	100,00	100,00	100,00	120,00	620,00
Despesas administrativas	40,00	40,00	40,00	40,00	40,00	50,00	250,00
Despesas com vendas	10,00	10,00	10,00	10,00	10,00	10,00	60,00
Aquisição de móveis e utensílios	300,00	–	–	–	–	–	300,00
Pagamento/empréstimos	–	55,00	55,00	55,00	55,00	55,00	275,00
Total de saídas	**485,00**	**375,00**	**530,00**	**505,00**	**505,00**	**535,00**	**2.935,00**
Acréscimos/decréscimos	15,00	–5,00	0,00	40,00	–5,00	–35,00	10,00
Saldo inicial	–	15,00	10,00	10,00	50,00	45,00	–
Saldo final	15,00	10,00	10,00	50,00	45,00	10,00	–

Teríamos, nessa etapa de avaliação do estudo, uma rentabilidade sobre o capital investido pelos sócios de 39%, ainda sem considerar a aplicação dos saldos de caixa, o que daria a esse estudo, além de viabilidade, uma maior expectativa de rentabilidade, o que evidenciaria a qualidade na capacidade de análise e decisão do gestor.

A seguir, leitor, apresentaremos um caso demonstrando os aspectos de viabilidade econômica e os elementos de deficiência de análise.

Apresentação de caso: inviabilidade do estudo ou deficiência da análise?

Aqui abordaremos a visão inversa do exemplo anterior (inviabilidade do estudo ou deficiência da análise), quando a análise deficiente dos elementos se mostrou má conselheira, privando o gestor de alguns sentidos importantíssimos no processo de avaliação de um estudo e levando-o a tomar a decisão de aprovar um projeto sem se aprofundar em sua análise. Vamos analisar o fluxo de caixa projetado constante na tabela 42.

Analisando o relatório inicial de fluxo de caixa (tabela 42) percebemos um saldo de caixa crescente, com o menor valor no primeiro mês, de R$ 142,00, sugerindo que não é necessário todo o capital proposto, pois o aporte dos sócios é de R$ 275,00 e o caixa fecha o semestre com R$ 270,00.

O DRE projetado apresentado na tabela 43 sinaliza para um lucro final de R$ 126,00, que gerará, no modo original, um retorno sobre o capital investido pelos sócios de 46%, já deixando claro que poderá subir se houver redução do capital investido.

O balanço patrimonial projetado (tabela 44) mostra o tratamento correto das informações econômicas e financeiras, com a menor diferença entre os circulantes no valor de R$ 141,00 no mês de janeiro: total do ativo circulante (R$ 292,00) menos total do passivo circulante (R$ 151,00).

Tabela 42
FLUXO DE CAIXA PROJETADO

Fluxo de caixa projetado (R$)

Itens	Janeiro	Fevereiro	Março	Abril	Maio	Junho	Total
Integralização do capital	175,00	80,00	20,00	–	–	–	275,00
Vendas à vista	15,00	15,00	15,00	18,00	18,00	18,00	99,00
Vendas a prazo	–	60,00	135,00	135,00	147,00	162,00	639,00
Total de entradas	**190,00**	**155,00**	**170,00**	**153,00**	**165,00**	**180,00**	**1.013,00**
Compras à vista	10,00	9,00	9,00	11,00	11,00	11,00	61,00
Compras a prazo		42,00	89,00	81,00	89,00	99,00	400,00
Pessoal e encargos	12,00	14,00	16,00	18,00	20,00	22,00	102,00
Despesas administrativas	6,00	8,00	10,00	12,00	14,00	16,00	66,00
Despesas comerciais	5,00	6,00	7,00	8,00	9,00	10,00	45,00
Pagamento de IR + CSLL	–	–	–	9,00	–	–	9,00
Aquisição de móveis e utensílios	15,00	–	15,00	–	30,00	–	60,00
Total de saídas	**48,00**	**79,00**	**146,00**	**139,00**	**173,00**	**158,00**	**180,00**
Acréscimos/decréscimos	142,00	76,00	24,00	14,00	-8,00	22,00	833,00
Saldo inicial	0,00	142,00	218,00	242,00	256,00	248,00	–
Saldo final	142,00	218,00	242,00	256,00	248,00	270,00	–

Tabela 43
DRE PROJETADO

Demonstrativo de resultado do exercício (DRE) projetado (R$)

Itens	Janeiro	Fevereiro	Março	Abril	Maio	Junho	Total
Vendas líquidas	150,00	150,00	150,00	180,00	180,00	180,00	990,00
(–) Custos	–90,00	–90,00	–90,00	–108,00	–108,00	–108,00	–594,00
Lucro bruto	60,00	60,00	60,00	72,00	72,00	72,00	396,00
(–) Despesas operacionais	–23,00	–29,00	–33,00	–39,00	–43,00	–49,00	–216,00
Administrativa	18,00	22,00	26,00	30,00	34,00	38,00	168,00
Comercial	5,00	6,00	7,00	8,00	9,00	10,00	45,00
Depreciação	–	1,00	–	–	–	1,00	3,00
Lucro operacional	37,00	31,00	27,00	33,00	29,00	23,00	180,00
(–) IR + CSLL	–11,00	–9,00	–8,00	–10,00	–9,00	–7,00	–54,00
Lucro líquido do exercício	26,00	22,00	19,00	23,00	20,00	16,00	126,00

Tabela 44
BALANÇO PATRIMONIAL PROJETADO

Balanço patrimonial projetado

Item	Janeiro	Fevereiro	Março	Abril	Maio	Junho
Ativo						
Circulante	292,00	443,00	467,00	511,00	518,00	540,00
Caixa	142,00	218,00	242,00	256,00	248,00	270,00
Clientes	135,00	210,00	210,00	237,00	252,00	252,00
Estoques	15,00	15,00	15,00	18,00	18,00	18,00
Permanente	60,00	59,00	59,00	58,00	58,00	57,00
Imobilizado	60,00	59,00	59,00	58,00	58,00	57,00
Móveis e utensílios	60,00	60,00	60,00	60,00	60,00	60,00
(–) Depreciação acumulada	–	(1,00)	(1,00)	(2,00)	(2,00)	(3,00)
Total do ativo	**352,00**	**502,00**	**526,00**	**569,00**	**576,00**	**597,00**
Passivo						
Circulante	151,00	199,00	184,00	204,00	191,00	234,00
Fornecedores	95,00	134,00	126,00	145,00	153,00	151,00
Contas a pagar	45,00	45,00	30,00	30,00	–	–
IR + CSLL a pagar	11,00	20,00	28,00	29,00	38,00	45,00
Dividendos a pagar	–	–	–	–	–	38,00
Patrimônio líquido	201,00	303,00	342,00	365,00	385,00	363,00
Capital	175,00	255,00	275,00	275,00	275,00	275,00
Reserva Legal	–	–	–	–	–	10,00
Reserva estatutária	–	–	–	–	–	15,00
Reserva de investimentos	–	–	–	–	–	63,00
Lucros acumulados	26,00	48,00	67,00	90,00	110,00	–
Total do passivo	**352,00**	**502,00**	**526,00**	**569,00**	**576,00**	**597,00**

Considerando-se o estudado até agora, a decisão do gestor seria reduzir o capital social em R$ 140,00, o que elevaria o retorno sobre o capital dos acionistas para 93% e manteria a capacidade de pagamento, pois estaria respeitando o limitante estrutural da liquidez, que seria de R$ 141,00. Essa decisão, porém, não mostraria qualidade da análise no estudo, uma vez que o gestor teria de ultrapassar a observação inicial e perceber algumas características importantes para o processo de decisão, tais como:

❏ a receita proposta se manteria estável nos primeiros três meses (DRE), aumentando em 20% no quarto mês e ficando estável até o final;
❏ as despesas aumentariam mês a mês.

Esse comportamento deve sugerir ao gestor o alongamento do estudo, pois sinaliza que, se mantidas as mesmas condições, a empresa entrará em prejuízo; portanto, de nada adiantaria a excelente perspectiva de rentabilidade proposta, pois, se não houver o ajuste da relação receita *versus* despesas, o projeto se inviabilizará já no próximo semestre.

Uma relação muito usada para essa observação é aquela entre a despesa comercial, ou de vendas, e a receita. Nesse exemplo, enquanto a receita se mantém estável de janeiro a fevereiro, as despesas comerciais aumentam em 20% (de R$ 5,00 para R$ 6,00), conforme mostrado no DRE, chegando ao dobro no final do período avaliado. Já em abril, a receita aumenta em 20%, mantendo-se estável até junho.

Neste capítulo, leitor, foram-lhe apresentadas as informações aqui sintetizadas:

❏ no processo organizacional e na implantação do processo orçamentário, a empresa tem sua base de sustentação. Os orçamentos nascem setoriais, ou seja, são feitos em cada setor pelo elemento de maior competência, buscando definir os valores

envolvidos na estratégia escolhida pelo gestor para conduzir a empresa até os objetivos traçados pelos acionistas;
- após esta etapa, tem início o trabalho de busca por informações externas e utilização das mesmas na elaboração do orçamento por setores da organização; após o término desse processo é que são entregues individualmente os orçamentos para que sejam consolidados e finalmente deem origem ao orçamento geral da empresa;
- o orçamento geral da empresa é composto por três importantes relatórios de análise e apoio à decisão gerencial: o fluxo de caixa projetado, o demonstrativo de resultado do exercício (DRE) projetado e o balanço patrimonial projetado;
- o fluxo de caixa projetado representa a expectativa de entrada e saída de dinheiro, que poderá estar no caixa da empresa e também na movimentação em conta bancária; seu maior objetivo é mostrar se há ou não recursos suficientes para a operacionalização dos orçamentos das áreas;
- o DRE projetado resume o propósito da atividade econômica, que é a de gerar riqueza, expressa pelo lucro; é o relatório que mostra se, da forma como os setores estudaram seus orçamentos, a empresa está gerando riqueza, o que permitirá remunerar o capital investido pelos acionistas;
- o balanço patrimonial projetado é o relatório que atende à função administrativa da contabilidade, que é a de controlar o patrimônio; sua estrutura comporta, de um lado, o ativo (conjunto dos bens e direitos da organização), do outro, o passivo (conjunto das obrigações);
- a análise do fluxo de caixa projetado dá início a um processo de análise que resultará em várias alternativas, mas estas somente poderão ser tratadas em cada empresa individualmente, uma vez que não existem duas empresas iguais; torna-se impossível escrever uma cartilha de soluções padronizadas, pois certamente não haverá uma decisão perfeita para atender a duas realidades diferentes.

Conclusão

O processo orçamentário é um dos pilares de sustentação de toda e qualquer organização; uma vez bem-planejado e, principalmente, bem-executado e controlado, possibilita investimentos e a perenidade dos negócios.

Procuramos abordar, neste livro, a importância do fluxo orçamentário nas organizações, principalmente no que tange ao início do processo orçamentário, destacando a identificação adequada das premissas que serão consideradas para efeito de projeção de resultado, bem como o cenário econômico para corroborar as premissas consideradas. Tratamos das sucessivas reuniões integrativas de discussão dos resultados projetados, que devem ser sustentados pelos princípios de visão, missão e valores da organização, e chegamos à execução orçamentária, no âmbito comparativo, dos valores projetados em relação aos valores realizados.

Cabe ressaltar a etapa posterior à execução orçamentária – o vital papel do controle gerencial, no sentido de exercer as correções necessárias para garantir o funcionamento do processo orçamentário no contexto organizacional. São indispensáveis ferramentas como as planilhas eletrônicas comparativas do planejado *versus* o realizado, a implementação do *balanced scorecard* (*BSC*), bem como os controles exercidos pelos softwares de gestão integrada. Tudo isso tem por objetivo constituir um conjunto de ferramentas que irá garantir o sucesso do processo e a excelência dos resultados.

Entretanto, apenas o entendimento dessa dimensão não é o bastante se as empresas não tiverem pessoas capacitadas para executarem suas funções. Tal combinação gera comprometimento, inspira e torna o empresário atento à necessidade constante de aprimoramento pessoal, profissional e institucional.

Referências

ANTHONY, R. N. *Contabilidade gerencial*: introdução à Contabilidade. São Paulo: Atlas, 2002.

_____; GOVINDARAJAN, V. *Sistemas de controle gerencial*. São Paulo: Atlas, 2002.

BEYOND BUDGETING ROUND TABLE (BBRT). *Benchmarking Project*. Lymington, UK: CAM-I, 2001.

BJORN, Jorgensen. *Borealis, uma (r)evolução no processo orçamentário*. Tradução: Francisco Barbosa. Harvard Business School, 9-102-048, Maio 9, 2002.

CHERRY, Richard T. *Introdução à administração financeira*. 2. ed. São Paulo: Atlas, 1982.

CRESS, W. P.; PETTIJOHN, J. B. A survey of budget-related planning and control policies and procedures. *Journal of Accounting Education*, v. 3, n. 2, Fall 1985.

FREZATTI, F. Beyond budgeting: inovação ou resgate de antigos conceitos do orçamento empresarial. *Revista de Administração de Empresas (RAE)*, abr./jun., 2005, p. 23-33.

_____. *Orçamento empresarial*: planejamento e controle gerencial. 5. ed. São Paulo: Atlas, 2009.

GARRISON, R. H.; NOREEN, E. W. *Contabilidade gerencial*. Rio de Janeiro: LTC, 2001.

HOPE, J.; FRASER, R. Who Needs Budgets? *Harvard Business Review*, Feb. 2003, p. 108-115.

HORNGREN, C. T.; FOSTER, G.; DATAR, S. M. *Contabilidade de custos*. Rio de Janeiro: LTC, 2000.

LUNKES, Rogério J. *Manual de orçamento*. 2. ed. São Paulo: Atlas, 2007.

MOREIRA, José Carlos. *Controle financeiro*. São Paulo: Saraiva, 1978.

PADOVEZE, Clóvis; TARANTO, Fernando. *Orçamento empresarial*: novos conceitos e técnicas. São Paulo: Saraiva, 2009.

PFLAEGING, N. *Liderando com metas flexíveis*. Porto Alegre: Bookman, 2009.

PHYRR, P. A. *Zero-base Budgeting*: a Practical Management Tool for Evaluating Expenses. Nova York: Wiley, 1973.

_____. *Orçamento base zero*: um instrumento administrativo prático para avaliação de empresas. São Paulo: Interciência, 1981.

SÁ, C. A.; MORAES, J. R. *O orçamento estratégico*: uma visão empresarial. Rio de Janeiro: Qualitymark, 2005.

SANVICENTE, A. Z.; SANTOS, C. C. *Orçamento na administração de empresas*. São Paulo: Atlas, 1989.

SEBRAE NACIONAL. *Fatores condicionantes e taxa de sobrevivência e mortalidade das micro e pequenas empresas no Brasil*. Brasília, DF: Sebrae, ago. 2007. Pesquisa, p. 4.

UMAPATHY, S. *Current Budgeting Practices in U.S. Industry*. Nova York: Quorum Books, 1987.

WELSCH, G. A. *Orçamento empresarial*. 4. ed. São Paulo: Atlas, 1993.

Os autores

Ivan Pricoli Calvo

Mestre em Finanças Corporativas e Contabilidade pelo Centro Universitário Álvares Penteado (Unifecap). Especialista em Economia pelo Centro Universitário Assunção (Unifai). Graduado em Administração de Empresas e Contabilidade pelo Unifai. Atuou como executivo em empresas como a Cia. Antarctica Paulista, Gazeta Mercantil e Perdigão. Possui artigos de finanças e contabilidade publicados em revistas nacionais, internacionais e jornais de economia e negócios. Professor convidado do FGV Management, FGV In Company e FGV-SP. Gestor de projetos no FGV In Company. Consultor de empresas.

José Mauro Bacellar de Almeida

Pós-graduado em Contabilidade para Gestão Empresarial. Especialista em Docência Universitária pela Universidade Gama Filho. Graduado em Ciências Contábeis pela Sociedade Unificada Augusto Motta (Suam). Concluiu os créditos do Mestrado em

Ciências Contábeis pela Universidade Federal do Rio de Janeiro (UFRJ). Tem experiência em cargos executivos nas áreas de planejamento e controladoria em importantes grupos empresariais, bem como em empresas de pequeno e médio portes. Coautor de artigo sobre custos e do livro *Orçamento e controle*. Professor convidado do FGV Management. Consultor de empresas.

Pedro Leão Bispo

Especialista em Engenharia Econômica e Administração Industrial pela Universidade Federal do Rio de Janeiro (UFRJ). Graduado em Ciências Contábeis pela Sociedade Unificada Augusto Motta (Suam). Mestrando em Administração de Empresas pela Unigranrio. Professor convidado do FGV Management. Consultor de empresas.

Washington Luiz Ferreira

Mestre em Administração pela Universidade Federal do Rio de Janeiro (Coppead/UFRJ). Graduado em Economia pela Faculdade de Economia e Administração da Universidade Federal de Juiz de Fora (UFJF). Coautor do livro *Orçamento e controle*. Professor da Faculdade de Economia e Administração da Universidade Federal de Juiz de Fora. Professor convidado do FGV Management. Consultor de empresas.